アルゴリズム取引の正体

The Essence of Algorithmic Trading:
Strategies and Execution

NTTデータ・フィナンシャル・ソリューションズ
先端金融工学センター [編著]

一般社団法人 金融財政事情研究会

はじめに

　アルゴリズム取引とは、あらかじめ定めておいた手順に従い、金融市場などで、コンピューターが自動的に注文の数量やタイミングを判断して行う取引のことである。アルゴリズム取引自体は古くから行われているが、近年HFT（高頻度取引：High Frequency Trading）と呼ばれるアルゴリズム取引の台頭もあり、特に注目を集めている。たとえば、2010年の東京証券取引所のアローヘッド（arrowhead）の稼働により日本でもHFTが行える環境が整い、現在では注文の半数以上はHFTであるといわれるようになった。また同じ2010年のアメリカ市場で起こったフラッシュ・クラッシュは、HFTが原因ではないかと疑われた。フラッシュ・クラッシュでは、わずか5分の間にダウ平均が5.49％下落し、その後2分で下落前の価格水準に戻るなどが起きた。その後、HFTが原因ではないことが判明したものの、短時間で相場が大きく変動するたびにHFTをはじめとするアルゴリズム取引の影響がうわさされている。HFTは、1,000分の1秒を超えるレベルの高頻度や高速で、注文、変更、取消を繰り返す取引である。当然、手動で実行することは不可能なため、必然的にアルゴリズム取引で行われる。もちろん、HFTでないアルゴリズム取引も多く存在する。

　本来、アルゴリズム取引は、あらかじめ定めておいた手順に従いコンピューターで売買を行うというだけで、市場で可能な取引なら何でもアルゴリズムに組み込めるので、アルゴリズム取引の種類は非常に多く、多様である。しかしながら、実際には、アルゴリズム取引という言葉はかなり浸透しているものの、各人各様にとらえられており、そのなかには誤解も多い。たとえば、「アルゴリズム取引とはHFTのことである」「アルゴリズム取引とはVWAPをはじめとするベンチマーク執行アルゴリズムのことである」「アルゴリズム取引ではフロントランニングを行っている」など、アルゴリズム取引の一部のみを指して、そのすべてであるように思われている場合もあ

る。ほかにも、「アルゴリズム取引は市場に悪影響ばかり与えている」という誤解もある。

このような誤解が多く生まれる理由のひとつは、アルゴリズム取引の解説書を標榜する書籍のほとんどが、実際には特定の戦略のみを詳しく書いているためと考えられる。たとえば、読者が個人投資家である場合、その興味は、市場を予測し、いかに収益をあげるかが中心となる。こういった、市場を予測して収益機会をねらうアルゴリズムは総じて、ディレクショナル・アルゴリズムと呼ばれる。しかし今日の市場取引ではこれ以外にも、執行アルゴリズム、ベンチマーク執行アルゴリズム、マーケット・メイキング・アルゴリズム、裁定アルゴリズム、市場操作系アルゴリズムなどさまざまなアルゴリズムが用いられている。

本書の目的は、アルゴリズム取引の全体像およびその具体的な戦略を可能な範囲で網羅的に解説することで、世の中に溢れる誤解を解くこと、そして、今後の市場取引におけるアルゴリズム取引の利用について、多くの人が考えるうえでの立脚点を与えることである。

本書の想定する読者は、アルゴリズム取引に興味がある人すべてである。特に、実際にアルゴリズム取引に携わっていないが、その実態を理解し将来へ役立てたいと考える金融機関の人にはおおいに資すると期待している。また、実際のアルゴリズム取引運用者にとっては、自ら行っているアルゴリズム取引についての説明は物足りないかもしれないが、アルゴリズム取引全体については参考になる部分もあると考える。さらに、個人投資家にとっても、ヘッジファンドをはじめとするプロのアルゴリズム取引戦略を理解しておくことは、自己のとれる収益機会を考えるうえで、役立つだろう。

本書全体を通して、数式は可能な限り使わず、具体例の提示で、だれでもイメージが湧くような記載を心がけた。ただし、数式を用いたほうがより明確でわかりやすくなると思われる事項は、付録に記載した。

本書の構成は次のとおりである。第 1 章で全体の概要を述べた後、第 2 章では市場取引の仕組みについてまとめている。市場取引の仕組みは主に日本

の株式市場を想定して記載したが、HFTを含むアルゴリズム取引を議論するうえで必要なアメリカ市場にも触れた。この章の内容は、次章以降を読むために必要最低限なものに限っている。第3章では、リターン、リスク、コスト、流動性、といった市場取引において注目すべき項目をまとめた。アルゴリズム取引の目的は、リターンの追求やコストの削減、リスクの削減やコントロールといった切り口で明快になることが多い。また、アルゴリズム取引のなかで、流動性の需要や取引情報の流布に伴うマーケット・インパクトを利用したものもあるなど、アルゴリズム取引を理解するうえで、これらは欠かせない。第4章では、アルゴリズム取引の概要をまとめた。アルゴリズム取引の目的をまとめた後、アルゴリズム取引の大分類に基づき、それぞれの戦略の概要を説明した。そして、アルゴリズムの利用形態や取引エンジンの内部構造を概観した後、当社の経験に基づいてアルゴリズムの構築方法を説明した。第5章では、アルゴリズム取引戦略を大きく分類し、それぞれの基本的な戦略を株式市場で用いられるものを中心に可能な範囲で網羅的にまとめ、具体的に提示した。第6章では、近年注目を浴びているHFTについてまとめた。第7章では、外国為替市場におけるアルゴリズム取引について、株式市場との違いを中心にまとめた。最後の第8章では、当社の金融機関出身の経営陣およびアルゴリズム取引の企画・営業担当者が、日頃の営業活動や実務経験、さらには業界関係者からのヒアリングをふまえて、アルゴリズム取引の環境の変化と投資家の取組みについて述べた。

2018年9月

NTTデータ・フィナンシャル・ソリューションズ
先端金融工学センター

先端金融工学センターの取組み

2008年設立のNTTデータ・フィナンシャル・ソリューションズ（略称：NDFS）は、設立当初からクオンツ集団である先端金融工学センターを組織として有し、金融機関でのクオンツ経験者や博士号をもつ人材を集め、金融工学やグローバル規制、トレーディングアルゴリズムに関するコンサルティング、モデル構築等のサービスを、主に金融機関のお客様に提供している。最近ではAIを使った分析、モデル構築を相談されることも多く、従来からのトラディショナルな手法から最新の手法まで、さまざまなアプローチでのソリューション提供を行っている。

先端金融工学センターでは、設立当初より金融商品評価、リスク計算等のモデル開発を行ってきたが、2011年よりトレーディングアルゴリズムの開発に携わっている。そのなかでも、FXの自動カバーアルゴリズムについては、当社アルゴリズムを利用いただいているお客様では6年以上連続して対ベンチマーク+10〜+30％の収益向上を実現している。また、HFT（高頻度取引）のアルゴリズムについても3年以上調査・研究を続けている。しかし、アルゴリズムの内容についてはその性質上、公表されないことも多く、幅広くまとめた教科書的な書籍も存在していないため、情報収集も難しい。

先端金融工学センターのこれまでの活動で得られた知見については、可能な限り公開・共有し、さまざまなテーマについて金融セミナーや学会等で対外発表を行ってきた。トレーディングアルゴリズムに関する知見についても可能な範囲での公開を検討してきたが、前述のとおり公表事例も少なく、より幅広い人にその内容を知っていただきたいという理由から、書籍として公開することとした。本書が、多くの人の参考になれば幸甚である。

先端金融工学センターでは、今後もできる限りいろいろな知見を公開・共有していきたいと考えており、金融市場の発展に少しでも貢献できるよう活動するつもりである。

【監　修】

山口　俊一（やまぐち　しゅんいち）　先端金融工学センター長

　東京工業大学大学院理工学研究科　修士課程修了（機械工学）

【執　筆】

城市　　泉（じょういち　いずみ）　主席計量アナリスト

　東北大学大学院理学研究科　博士課程後期修了（物理学・素粒子論）
　博士（理学）、（公益社団法人）日本証券アナリスト協会検定会員

三原　千尋（みはら　ちひろ）　計量アナリスト

　東京大学大学院工学系研究科　修士課程修了（物理工学）
　（公益社団法人）日本証券アナリスト協会検定会員、統計検定1級

竹下　慶佑（たけした　けいすけ）　計量アナリスト

　筑波大学大学院システム情報工学研究科　修士課程修了（社会経済）
　（公益社団法人）日本証券アナリスト協会検定会員

西山　和也（にしやま　かずや）　計量アナリスト

　京都大学大学院理学研究科　修士課程修了（物理学・原子核理論）

浜田　達也（はまだ　たつや）

　名古屋大学大学院多元数理科学研究科　修士課程修了（数学・数理物理）

池田　靖勲（いけだ　やすのり）　主幹コンサルタント

　東京大学教育学部卒業（総合教育科学）

【執筆協力】

平島　　修（ひらじま　おさむ）〈発刊プロジェクト責任者〉
松葉　敦司（まつば　あつし）
髙木　和彦（たかき　かずひこ）
東瀬　智明（とうせ　ともあき）
藤原　正之（ふじわら　まさゆき）
島　　拓郎（しま　たくろう）

目　次

第1章　アルゴリズム取引とは

1－1　アルゴリズム取引とは……………………………………………2
1－2　アルゴリズム取引の目的…………………………………………3
1－3　アルゴリズムの種類………………………………………………3
1－4　アルゴリズムの運用者……………………………………………4
1－5　アルゴリズム取引環境の変化とHFT……………………………5
1－6　アルゴリズム取引規制……………………………………………6

第2章　アルゴリズム取引の市場環境

2－1　証券市場…………………………………………………………10
2－2　証券取引所………………………………………………………11
　2－2－1　PTS（私設取引システム：Proprietary Trading Systems）……………………………………………………………12
　2－2－2　ダークプール……………………………………………12
　2－2－3　取引のシェア……………………………………………13
2－3　証券会社…………………………………………………………14
　2－3－1　ブローキング業務………………………………………15
　2－3－2　最良執行義務……………………………………………15
　2－3－3　ディーリング業務………………………………………16
　2－3－4　マーケット・メイク業務………………………………16
2－4　売買制度…………………………………………………………17
　2－4－1　取引時間…………………………………………………17
　2－4－2　東証の価格決定方式……………………………………17

2−4−3	呼値の単位		18
2−4−4	東証のオーダー・タイプ		19
2−4−5	その他の市場のオーダー・タイプ		21
2−4−6	空　売　り		23
2−4−7	価格の急変動を防止する仕組み		24
2−4−8	マーケット・メイカー制度		25
2−5	マーケット情報		26
2−5−1	注文情報		26
2−5−2	約定情報		28
2−5−3	統計情報		29
2−6	レイテンシー削減のための接続方式		31
2−6−1	DMA（Direct Market Access）		32
2−6−2	プロキシミティ・サービス		32
2−6−3	コロケーション・サービス		32
2−7	不公正取引		33
2−7−1	相場操縦		33
2−7−2	アルゴリズム取引と相場操縦		34
2−8	アメリカの市場環境		35
2−8−1	アメリカの証券市場		35
2−8−2	アメリカの最良執行義務		35
2−8−3	アメリカの特殊なオーダー・タイプ		36
2−8−4	メイカー・テイカー手数料モデル		37
2−8−5	スポンサード・アクセスとネイキッド・アクセス		39

第3章　市場取引におけるリターン、リスク、コスト、流動性

3−1　損　　益 42

3－1－1　実現損益・・・42
　　3－1－2　売買損益・・・43
　　3－1－3　付随収益・・・46
　　3－1－4　付随費用・・・46
　　3－1－5　評価損益・・・47
　3－2　リターン、コスト、リスク・・・48
　　3－2－1　リターン・・48
　　3－2－2　コスト・・・49
　　3－2－3　リスク・・・60
　【COLUMN ①】　逆選択と逆選択リスク・・・・・・・・・・・・・・・・・・・・・・・・・・・・・・・・・・62
　3－3　流　動　性・・・63

第4章　アルゴリズム取引概論

　4－1　アルゴリズム取引の目的・・・68
　　4－1－1　リターン追求・・・68
　　4－1－2　コスト削減・・69
　　4－1－3　リスクのコントロールと削減・・・・・・・・・・・・・・・・・・・・・・・・・・・・・・・・・70
　　4－1－4　補助手段・・71
　4－2　アルゴリズム取引戦略の大分類・・・・・・・・・・・・・・・・・・・・・・・・・・・・・・・・・・・・・72
　　4－2－1　執行アルゴリズム・・・72
　　4－2－2　ベンチマーク執行アルゴリズム・・・・・・・・・・・・・・・・・・・・・・・・・・・・・・73
　　4－2－3　マーケット・メイキング・アルゴリズム・・・・・・・・・・・・・・・・・・・・・・76
　　4－2－4　裁定アルゴリズム・・・78
　　4－2－5　ディレクショナル・アルゴリズム・・・・・・・・・・・・・・・・・・・・・・・・・・・・81
　　4－2－6　市場操作系アルゴリズム・・・・・・・・・・・・・・・・・・・・・・・・・・・・・・・・・・・・81
　4－3　アルゴリズム取引の利用形態・・・・・・・・・・・・・・・・・・・・・・・・・・・・・・・・・・・・・・・82
　　4－3－1　アルゴリズム取引の利用者・・・・・・・・・・・・・・・・・・・・・・・・・・・・・・・・・・82

4 - 3 - 2　アルゴリズム取引の注文ルート……………………83
4 - 3 - 3　アルゴリズム取引エンジンの配置……………………84
4 - 3 - 4　アルゴリズム取引エンジンの入出力……………………87
4 - 3 - 5　アルゴリズム取引エンジンの内部構成……………………89
4 - 3 - 6　執行アルゴリズム取引エンジンの内部構成……………………93
4 - 4　アルゴリズム構築手順の概要……………………96
　4 - 4 - 1　目的と制約条件の明確化……………………97
　4 - 4 - 2　シミュレーション環境の準備……………………98
　4 - 4 - 3　評価指標の選定……………………99
　4 - 4 - 4　アルゴリズムの構築……………………100
　4 - 4 - 5　チューニング……………………102
　4 - 4 - 6　運用・監視・改善……………………104
【COLUMN ②】　アルゴリズム構築における２つのアプローチ……………105

第5章　アルゴリズム取引戦略

5 - 1　執行アルゴリズム……………………108
　5 - 1 - 1　成行注文（Market Order）……………………108
　5 - 1 - 2　指値注文（Limit Order）……………………111
　5 - 1 - 3　逆指値注文（Stop Order）……………………121
　5 - 1 - 4　ヒドゥン・オーダー（Hidden Order）……………………122
　5 - 1 - 5　アイスバーグ（Iceberg）……………………125
　5 - 1 - 6　ステルス（Stealth）……………………128
　5 - 1 - 7　ペギング（Pegging）……………………130
　5 - 1 - 8　レイヤリング（Layering）……………………131
　5 - 1 - 9　流動性ドリブン執行（Liquidity Driven Order）……………131
　5 - 1 - 10　SOR（スマート・オーダー・ルーティング）……………………132
【COLUMN ③】　仮想総合板の高度化……………………132

5－1－11　取引執行手続の自動化 …………………………… 134
5－1－12　まとめ …………………………………………………… 135
5－2　ベンチマーク執行アルゴリズム ………………………………… 136
5－2－1　TWAP（Time-Weighted Average Price） ………… 136
5－2－2　VWAP（Volume-Weighted Average Price） ……… 138
5－2－3　POV（Percentage of Volume） …………………… 140
5－2－4　PI（Price Inline） …………………………………… 142
5－2－5　MOC（Market on Close） ………………………… 145
5－2－6　IS（Implementation Shortfall） …………………… 147
5－2－7　AS（Adaptive Shortfall） ………………………… 148
5－2－8　まとめ …………………………………………………… 148
5－3　マーケット・メイキング・アルゴリズム ………………………… 150
5－3－1　市場仲値参照 …………………………………………… 150
5－3－2　自己ポジション参照 …………………………………… 166
5－3－3　市場実勢価格連動 ……………………………………… 172
5－3－4　市場流動性活用 ………………………………………… 179
5－3－5　まとめ …………………………………………………… 185
【COLUMN ④】　マーケット・リスク管理機能を明示的に組み込んだ
　　　　　　　単純なマーケット・メイキング・アルゴリズム ………… 187
5－4　裁定アルゴリズム ………………………………………………… 191
5－4－1　同一商品間裁定 ………………………………………… 191
5－4－2　理論的裁定 ……………………………………………… 193
5－4－3　統計的裁定 ……………………………………………… 194
5－4－4　まとめ …………………………………………………… 195
5－5　ディレクショナル・アルゴリズム ……………………………… 196
5－5－1　トレンドフォロー（Trend Following） …………… 196
5－5－2　モメンタム・トレーディング（Momentum Trading） …… 197
5－5－3　ミーン・リバージョン（Mean Reversion） ……… 198

  5-5-4 レンジ・トレーディング（Range Trading）………………199
  5-5-5 先行指標戦略……………………………………………………200
  5-5-6 ニュース／イベント・ドリブン（News/Event-Driven）……200
  5-5-7 スキャルピング（Scalping）…………………………………202
  5-5-8 まとめ……………………………………………………………206
 5-6 市場操作系アルゴリズム………………………………………………207
  5-6-1 フロントランニング（Front-running）………………………207
  5-6-2 スプーフィング（Spoofing）…………………………………211
  5-6-3 ストロビング（Strobing）……………………………………214
  5-6-4 モメンタム・イグニッション（Momentum Ignition）……214
  5-6-5 ストップロス・イグニッション（Stop Loss Ignition）……215
  5-6-6 プッシュ・ザ・エレファント（Push the Elephant）………215
  5-6-7 ゲーミング（Gaming）………………………………………219
  5-6-8 ピン・オーダー（Ping Orders）……………………………221
  5-6-9 クオート・スタッフィング（Quote Stuffing）……………223
  5-6-10 まとめ…………………………………………………………223
 【COLUMN⑤】アルゴリズム取引における人工知能の活用………………224
 【COLUMN⑥】人工知能、機械学習、深層学習の違い……………………224

第6章　HFT：高頻度取引

 6-1 HFTの概要………………………………………………………………228
 6-2 HFTの定義………………………………………………………………229
 6-3 HFTのシェア……………………………………………………………230
 6-4 HFTのアルゴリズム取引………………………………………………231
  6-4-1 マーケット・メイキング・アルゴリズム……………………231
  6-4-2 裁定アルゴリズム………………………………………………232
  6-4-3 ディレクショナル・アルゴリズム……………………………232

6－4－4　レイテンシー裁定……………………………………………… 232
6－5　HFTが市場に及ぼす影響 ……………………………………………… 235
　6－5－1　市場に対するHFTの貢献 ……………………………………… 235
　6－5－2　HFTの問題点 …………………………………………………… 235
6－6　HFTの規制 ……………………………………………………………… 237
　6－6－1　アメリカとヨーロッパの規制動向 …………………………… 237
　6－6－2　日本の規制動向 ………………………………………………… 238

第7章　外国為替取引におけるアルゴリズム取引

7－1　外国為替取引の市場環境 ……………………………………………… 242
　7－1－1　外国為替取引の概要 …………………………………………… 243
　7－1－2　外国為替取引の取引形態 ……………………………………… 244
　7－1－3　外国為替取引の参加者 ………………………………………… 245
7－2　株式取引アルゴリズムと外国為替取引アルゴリズムの違い ……… 246
　7－2－1　約定拒否の有無 ………………………………………………… 247
　7－2－2　流動性情報の把握手段 ………………………………………… 248
7－3　外国為替取引におけるアルゴリズム取引戦略 ……………………… 252
　7－3－1　執行アルゴリズム ……………………………………………… 252
　7－3－2　ベンチマーク執行アルゴリズム ……………………………… 253
　7－3－3　マーケット・メイキング・アルゴリズム …………………… 253
　7－3－4　裁定アルゴリズム ……………………………………………… 255
　7－3－5　ディレクショナル・アルゴリズム …………………………… 255
　7－3－6　市場操作系アルゴリズム ……………………………………… 256
7－4　個人投資家からみたFX取引アルゴリズム ………………………… 259
　7－4－1　FX事業者が使用するアルゴリズムの影響 ………………… 259
　7－4－2　個人投資家に使われているアルゴリズム …………………… 261

第8章 アルゴリズム取引の環境の変化と投資家の取組み

8-1 アルゴリズム取引の変化……………………………………………264
8-1-1 アルゴリズム取引の高速化…………………………………264
8-1-2 アルゴリズムの高度化………………………………………265
8-1-3 人工知能の活用………………………………………………267
8-1-4 適用領域の拡大………………………………………………268
8-1-5 規　　制………………………………………………………269
8-2 プレイヤー別の対応状況…………………………………………270
8-2-1 金融機関のプロップ・トレーディング部門………………270
8-2-2 証券会社（ブローキング部門）……………………………271
8-2-3 機関投資家……………………………………………………272
8-2-4 サードパーティー……………………………………………273
8-2-5 ITベンダー……………………………………………………273
8-3 アルゴリズム取引の導入における課題と対策…………………274
8-3-1 現状および課題………………………………………………274
8-3-2 対　　策………………………………………………………276
8-4 個人投資家の視点から……………………………………………278
8-4-1 アルゴリズム取引のとらえ方………………………………279
8-4-2 採用すべき投資手法／避けるべき投資手法………………280

[付録] A　インプリメンテーション・ショートフォール……………281
[付録] B　証券会社やFX業者が提供するオーダー・タイプ…………285

参考資料………………………………………………………………………288
おわりに………………………………………………………………………292

第1章

アルゴリズム取引とは

1-1　アルゴリズム取引とは

　アルゴリズム取引とは、コンピューターが自動的に、売買銘柄、売買数量、売買タイミング、売買市場等を決定し、金融商品の注文を行う取引のことである。たとえば、単純な例として、日経225先物を、これから10分ごとに1枚ずつ購入することを自動的に行う場合、これはアルゴリズム取引である。また、株価が上昇するタイミングを推計し株式を購入し、株価が下降するタイミングを推計し売却することを、あらかじめ構築されたプログラムで行えば、アルゴリズム取引となる。アルゴリズム取引は、コンピューター取引、自動売買、システム・トレードなどさまざまな呼び方をされる。

　アルゴリズム取引というと、数理的に高度な手法や分析により構築されていると考えられがちである。しかし、実際のアルゴリズム取引は、必ずしも数理的に高度な手法が用いられるわけではない。たとえば、受託注文を行う証券会社では、最良執行義務を果たしつつコスト削減を行うため、定型的な手続を自動化したアルゴリズム取引が用いられる。これは、手続の自動化をしただけで、アルゴリズムそのものが高度というわけではない。ほかに、裁定機会のように明白な収益機会がほんのつかの間だけ生じるものをねらう場合は、高頻度かつ高速な取引が断然有利となるのでアルゴリズム取引が用いられるが、これも必ずしもアルゴリズムそのものが高度というわけではない。しかし一方で、さまざまな統計的手法、時系列解析技術、機械学習の手法など数理的に高度な技術を用いたアルゴリズムも、価格の動きを予測するような戦略を中心に用いられるのも事実である。

　また、アルゴリズム取引であっても、市場の制約、売買の仕組みのうえで行われることは、手動による取引と変わりがない。もちろん、市場により取引ルールやシステムインフラなど環境は一般に異なるため、ある市場で適用可能なアルゴリズムを別の市場でそのまま適用できるとは限らない。一方

で、アルゴリズム取引が活発になったことを受けて、市場側がシステムの強化や制度の改定、新しいサービスの開始を行い、積極的にアルゴリズム取引の環境を整えてきている。

1-2　アルゴリズム取引の目的

　アルゴリズム取引の目的は、大きな意味での収益の安定的な拡大である。そのために、リスクをコントロールしながらリターンの追求やコストの削減をアルゴリズム取引で実現しようとする。

　リターンの追求とは、「安く買い高く売る」という収益機会を発見することである。コストの削減とは、マーケット・メイクやバスケット取引などの定型的な業務の自動化による内部コストの削減、最適な市場の選択をすることによる手数料の削減などのほかに、自己の注文により自己の売買価格が上昇するといったマーケット・インパクトによるコストの削減をすることも含まれる。リスクのコントロールとは、あらかじめ定めたリスク許容度の枠内に収まるように自己のポジションのマーケット・リスクのコントロールや自己の売買したい数量の執行確率のコントロールを行うことなどである。

　リターンの追求やコストの削減とリスクの削減はトレードオフの関係にあり、実際のアルゴリズム取引では、リスクをその許容度の枠内でコントロールし、リターンの追求やコストの削減が行われる。

1-3　アルゴリズムの種類

　アルゴリズム取引は、収益機会をねらうアルゴリズムと、売買手数料や

マーケット・インパクトなどの取引コストの削減をねらうアルゴリズムに大きく分けられる。

本書では、収益機会をねらうアルゴリズムをその収益機会の種類によりマーケット・メイキング・アルゴリズム、裁定アルゴリズム、ディレクショナル・アルゴリズムに分類する。マーケット・メイキング・アルゴリズムは、市場に売り注文と買い注文の両方を出し、その価格差を収益源とするもの、裁定アルゴリズムは、同一の価値をもつ金融商品が異なる価格で売買可能なことを発見・利用して収益をねらうもの、ディレクショナル・アルゴリズムは、市場予測を行い、安く買って高く売ることによる売買価格差による収益をねらうものである。

また、取引コストの削減をねらうアルゴリズムをアイスバーグなどの執行系のアルゴリズムやVWAPなどのベンチマークを目標に執行するベンチマーク執行アルゴリズムに分類する。これらは、取引を細かく分割することで自己の取引全体の執行数量を市場からわかりにくくするなど、取引コストの増加を抑えるものである。ほかにも最適な市場の選択や定型的な執行業務でも用いられる。

ほかに、自ら提供する流動性や売買意思を市場に誤認させるように発注することで、相場を自分に有利な方向へ動かすことを意図したアルゴリズムもある。本書では、このようなアルゴリズムを、市場操作系アルゴリズムと呼んでいる。

これらさまざまなアルゴリズムは、単独で用いられる場合もあるが、組み合わされて用いる場合も多い。

1-4　アルゴリズムの運用者

アルゴリズム取引を運用するのは、主に証券会社や機関投資家であるが、

一部の個人投資家もアルゴリズム取引を運用する。それぞれの運用者が用いるアルゴリズムは、その投資の目的により決まってくる。

証券会社の受託執行部門と自己売買部門では用いるアルゴリズムが異なる。証券会社の受託執行部門では、顧客の依頼および自身の最良執行義務の遂行のために、執行アルゴリズムやベンチマーク執行アルゴリズムを用いる。証券会社の自己売買部門では、市場から売買益を得ることが目的となるため、マーケット・メイキング・アルゴリズムや裁定アルゴリズム、ディレクショナル・アルゴリズムを用いる。なお、これらを単独で用いるというよりも、執行系のアルゴリズムも組み合わせて用いている。

機関投資家の場合は、自己の運用目的にあわせてさまざまなものが用いられる。たとえば、インデックス運用をしているのであれば、執行系のものを用い、売買益の追求であれば、証券会社の自己売買部門と同じようなアルゴリズムを用いる。

個人投資家は、市場からの売買益をねらうためにアルゴリズムを用いるが、一般に、システム環境や利用できる取引所などのサービスは証券会社や機関投資家と比べてはるかに劣るため、実際に使えるアルゴリズムも限られる。裁定アルゴリズムやマーケット・メイキング・アルゴリズムといった高速・高頻度が圧倒的に有利なアルゴリズムを利用することは、特別なインフラが必要となるため難しく、主にディレクショナル・アルゴリズムを用いる。

1-5　アルゴリズム取引環境の変化とHFT

近年、HFT（高頻度取引：High Frequency Trading）という取引が行われている。これは、高頻度かつ高速に売買を行うアルゴリズム取引で、アメリカを中心に発達してきた。現在は、日本も含む世界中で行われている。

HFTは、マーケット・メイキング・アルゴリズムや裁定アルゴリズムで、特に優位性を発揮する。

　高頻度かつ高速に売買するためには、①取引の判断のための情報取得の高速化、②取得した情報を処理し発注するまでの高速化、③注文情報が市場の売買システムまで到達するスピードの高速化、④取引所等の売買システムの単位時間当りの処理速度の高速化が必要となる。

　全体のスピードは、ボトルネックにより制限されるため、すべてを高速化しないと全体の高速化や高頻度化は得られない。①の取引の判断のための情報取得の高速化は、利用する情報の絞り込みや自身のシステムの高速化により実現される。②の取得した情報を処理し発注するまでの高速化は、自身のシステムの高速化やアルゴリズムの高速化により実現される。③の注文情報が市場の売買システムまで到達するスピードの高速化は、専用線の施設、DMA（Direct Market Access）の利用による証券会社のシステム経由時間の短縮、取引所のコロケーション・サービスの利用による取引所と同じネットワークからの注文といったかたちで実現される。④の売買システムの単位時間当りの処理速度の高速化も、取引所のシェア争いなどもあり、高速化されていった。日本でも、2010年に東京証券取引所でアローヘッド（arrowhead）が稼働し、同時にコロケーション・サービスも開始され、HFTが行えるようになっている。

1-6　アルゴリズム取引規制

　HFTが市場にどのような影響を与えているかは、はっきりはしていない。高頻度かつ高速に行われている取引の多くはマーケット・メイキング戦略を行っていると考えられている。そのため、HFTは、市場に流動性を供給しており、一般投資家にも恩恵をもたらしているという主張がある。一方、

HFTを行っている投資家のみが、収益機会を獲得し、一般投資家の目にみえない速さで新規の注文や変更および取消を繰り返していることから、投資家間の公平性や市場の安定性の毀損、企業のファンダメンタルズに基づく価格形成への悪影響など問題を指摘する主張もある。

　アメリカやヨーロッパに続き、日本でもHFTに関する規制を含む「金融商品取引法の一部改正に関する法案」が2017年5月に、またこの法案に係る政令・内閣府令等が同年12月にそれぞれ公布され2018年4月1日に施行された。この法律では、HFTは「高速取引行為」、HFT業者は「高速取引行為者」と呼ばれており、高速取引行為者を登録制にし、取引戦略を事前に届けさせることで高速取引行為を把握しようとする内容が含まれている。

第 2 章

アルゴリズム取引の市場環境

本章では、本書で議論するアルゴリズム取引の理解に最低限必要な市場環境や売買制度について説明する。日本の株式市場の環境を中心に説明を行うが、第6章で説明するレイテンシー裁定の例はアメリカの市場環境でのみ有効なアルゴリズム取引なので、アメリカの市場環境も説明する。

2-1　証券市場

　アルゴリズム取引が行われている証券市場には、証券取引所やPTS（私設取引システム：Proprietary Trading Systems）、証券会社などが運営するダークプールがある。証券取引所やPTSでは公開された厳格なルールが定まっており、そのルールにのっとって売買が行われる。一方、ダークプールでは、その運営会社内で注文が付け合わされるが、そのプロセス等も含め十分な情報開示がない。ほかに、証券会社などを通じて相対取引も行われている。

　次節では、証券取引所、PTS、ダークプールについて説明する。

図表2-1　日本の証券市場の全体像

証券市場	取引所	立会市場
		立会外市場
	証券会社	私設取引システム（PTS）
		ダークプール
		相対取引

2-2 証券取引所

　証券取引所（以下、取引所）とは、株式などの証券の売買を行う場である。証券の売買を取引所に集中させることで、流動性の向上と安定した価格形成を図ることが主な役割である。

　証券取引所で取引できる銘柄は、上場銘柄と呼ばれるある一定の基準を満たした株式やETF、先物やオプションなどのデリバティブである。取引所ごとに売買制度や取り扱う銘柄などは異なっている。

　取引所で直接証券の売買をできる金融機関等を取引参加者という。取引参加者となるためには、取引資格の取得申請を行い、承認を受ける必要がある。取引参加者には、金融商品取引業者（証券会社）と登録金融機関（銀行等）以外に取引所取引許可業者がある。取引所取引許可業者は、国内に拠点を有しない外国証券業者で、許可を受けて国内の金融商品取引所における取引を行うことができる。

　日本の主となる取引所は、現物株式の取引を行う東京証券取引所（東証）と、デリバティブに特化した取引を行う大阪取引所である。これら2つの取引所は、2013年に東京証券取引所グループと大阪証券取引所が合併したことにより発足した日本取引所グループに属している。このほかに、札幌証券取引所、名古屋証券取引所、福岡証券取引所があるが、これらの売買代金ベースでのシェアは株式現物で0.1％未満と規模は非常に小さい。

　日本の証券市場の中心的存在である東証は、2つの市場を運営している。ひとつは、後に説明をするザラバ方式（オークション方式）により売買が行われている立会市場と呼ばれる市場であり、もうひとつは立会外市場であるToSTNeT (Tokyo Stock Exchange Trading Network System) 市場である。ToSTNeT市場では、単一銘柄取引（大口取引）、バスケット取引、終値取引、自己株式立会外買付取引というような、立会市場では円滑な執行が難し

い取引に対応している。

2-2-1　PTS（私設取引システム：Proprietary Trading Systems）

　PTSとは、1998年証券取引法改正および取引所集中義務が撤廃されたことによって認められた市場である。現在日本では、SBIジャパンネクスト証券が運営する「ジャパンネクストPTS」、チャイエックス・ジャパンが運営する「チャイエックスPTS」という2つのPTSが運営されている。

　取引所とPTSは電子的に証券を売買できるという点では同じであるが、取引所は免許制、PTSは認可制などといった規制上の違いや可能な発注の仕方の違いや注文の付け合わせの違いなどの売買制度の違いもある。

2-2-2　ダークプール

　ダークプールとは、証券会社などの企業が内部のシステムを用いて売買注文の付け合わせを行う市場である。注文情報の匿名性が確保されている一方、価格や注文量などの取引内容、注文付け合わせの過程が開示されないなど、透明性が低いという意味でダークプールと呼ばれる。顧客同士の注文の付け合わせ以外に、場合によっては自己勘定で顧客注文の相手方になる。日本では、ダークプール内で取引を最終的に成立させることは認められておらず、ダークプール内では取引を行うペアを決定（対当）し、それを東証の

図表2-2　日本のダークプール取引の流れのイメージ

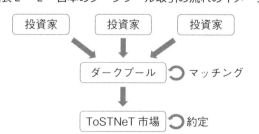

ToSTNeT市場に回送し取引を成立(約定)させている。

投資家がダークプールを用いる主な理由は3つある。1つ目は、注文の執行が価格に影響を与えてしまうというマーケット・インパクトを抑えることができることである。ダークプールでは注文に関する情報を一般に公表していないので、投資家は注文の存在を隠すことができる。2つ目は、ダークプールの価格が取引所の仲値を参照して決定されることが多く、取引所よりも良い価格での売買が期待できることである。たとえば、取引所の価格が買いで102、売り100の場合は、ダークプールでは売りと買い両方を101で取引ができる。3つ目の理由は、ダークプールの流動性を利用できることである。たとえば、可能な限り早く大口注文を執行させたい場合に、大口注文を取引所ですべて執行させてしまうと、価格に悪影響を与えてしまうような場合がある。この場合、ダークプールに大口注文の一部を執行させることによって、価格への悪影響を軽減することが期待できる。

2-2-3 取引のシェア

日本には複数の取引所が存在しているが、現状、日本の取引所取引による現物株式の取引は日本取引所グループに取引が集中している。実際に、売買代金の比率でみると、東証の立会市場が市場全体の80％以上を占めている。つまり、日本には複数の市場が存在するが、取引のシェアが東証に集中しているという状況である。

現在、PTSの現物株式の日本市場全体における売買代金ベースシェアは4％近くにまでなってきている。PTSが法律で許可されるようになってからあまり長い年月は経っていないが、これからはさらなる拡大が進んでいくと思われる。

日本においては、外資系証券会社が日本に進出してきていることも受けて、徐々にダークプールのシェアも大きくなってきており、現在5％程度はあるのではないかといわれている。

2-3 証券会社

　取引所で直接証券の売買を行うのは、証券会社である。投資家が証券取引所へ発注した注文は、直接証券取引所に送られるわけではなく、証券会社を経由する。

　証券会社のアルゴリズム取引に関係する主な業務は、ブローキング業務、ディーリング業務である。ブローキング業務とは、顧客の注文の取引所への取次を行うことで、顧客からの委託手数料で収益をあげる業務である。また、ディーリング業務は、証券会社が自己勘定によって売買を行うことで、売買を通して市場から収益をあげることを目的としている。

　ブローキング業務を行う者をブローカー、ディーリング業務を行う者をディーラーと呼ぶ。取引所からみた直接的な取引参加者の実態はこのブローカーとディーラーである。

　このほかにも、証券会社のなかには、顧客から受けた注文に対して、顧客同士または自己勘定で売買を行うダークプールを保有しているところもある。

　本節では、ブローキング業務とそれにかかわってくる最良執行義務、さらにディーリング業務およびその一部であるマーケット・メイク業務について説明する。

図表2-3　注文フロー

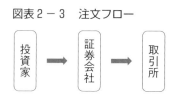

2-3-1 ブローキング業務

　ブローキング業務とは、顧客からの注文を取り次いで執行することである。しかし、その執行のタイミングはブローカーの都合でいつでも良いというわけではない。証券会社には最良執行義務が課せられており、それを満たすように注文を執行していく。最近ではテクノロジーの発展もあり、売買のスピードや発注量が非常に高速になってきた。その状況下で、最良執行義務を果たすためには、証券会社のブローキング業務にもシステムを導入し、アルゴリズムによる対応が有効となる。

2-3-2 最良執行義務

　最良執行義務とは、証券会社などの金融商品取引業者に課される義務で、有価証券の売買等に関する顧客の注文について最良の取引条件で執行するための方針・方法を定め、公表し、それに従って注文を執行しなければならないことである。日本において証券会社は、金融商品取引法40条の2第2項により最良執行方針を公表することが義務づけられている。最良執行方針には、対象とする有価証券の種類や、執行方法およびその理由などが記されている。ただし、最良執行義務は、価格のみではなく、コストやスピード、執行の確実性などを勘案して執行する義務となっている。ヨーロッパにおいても、日本と似たように総合的な勘案により、最良執行義務を定めている。一方、アメリカにおいては、価格に基づく厳格な最良執行義務が課されている。

　日本では、取引所以外にも、PTSやダークプールといった市場で株式の取引を行うことができる。そこで、投資家から最良価格を提示している市場で執行してほしいという要望があれば、それを執行するためにSOR（Smart Order Routing）を備えている証券会社もある。SORは、5-1-10で説明する。

2-3-3 ディーリング業務

ディーリング業務とは、証券会社の自己勘定で売買を行う業務である。目的としては、証券会社に利益をもたらすことである。ディーラーは、価格の動きを予測しそれに基づいて取引を行うディレクショナル戦略やある１つの商品の価格が２つの市場で異なるなどといった裁定機会をとることによって収益を得る裁定戦略、売りと買いの両方の注文を出すマーケット・メイキング戦略などを行っている。そのほか、取引所との契約に基づいたマーケット・メイク業務も行われている。

ブローキング業務と決定的に違うのは、ディーリング業務は自己勘定で売買を行うのでリスクを伴うことである。ブローキング業務は顧客の注文を取り次いで執行するのが業務であるので、顧客が売買に伴うリスクを負うことになる。

2-3-4 マーケット・メイク業務

マーケット・メイク業務はディーリング業務で行われている業務のひとつである。マーケット・メイク業務を行っている金融機関を、マーケット・メイカーと呼び、買い注文と売り注文両方を提示している。マーケット・メイカーは、自身が応じることができる買い注文と売り注文を提示し、他の投資家からの注文の取引相手となる。

取引所の制度によっては、マーケット・メイカーを登録制にしている。登録されたマーケット・メイカーは、取引手数料の割引や固定額の支給等のインセンティブを得るかわりに市場に流動性を供給する。日本では、大阪取引所でマーケット・メイカー制度が導入されている。

2-4　売買制度

　売買制度とは、売買が円滑に行えるように定めた売買のルールのことで、市場ごとに定められている。たとえば、売買が可能な時間、価格の決定方式、可能な注文の種類、値幅制限、売買数量、呼値の単位などが定められている。売買制度は法律の改正やテクノロジーの発展に伴って、さまざまに変化してきている。また、各々の市場では、他の市場と差別化し市場間競争に勝ち抜くために、売買制度の変更も行われている。

　本節では、日本の主たる取引所である東京証券取引所の立会市場を中心に、取引時間、価格決定方式、呼値の単位、オーダー・タイプの説明をする。

2-4-1　取引時間

　東証の立会市場の取引時間は立会時間と呼ばれ、9:00～11:30と12:30～15:00の2つの時間帯が定められている。それぞれ前場、後場と呼ばれる。なお、前場、後場の最初の売買のことは寄付、最後の売買のことは引けと呼ばれる。次に、デリバティブ市場である大阪取引所では、前場と後場という区別がなく、日中は8:45～15:15で取引が行われている。さらにナイト・セッションと呼ばれる夜間の取引時間も定められている。一方、チャイエックスPTSやジャパンネクストPTSは、東証と同じ現物株式をターゲットとする市場であるが、東証よりも長い取引時間を設けて差別化を図っている。

2-4-2　東証の価格決定方式

　東証の売買方式には、注文を集めておき一度に売買を行う板寄せ方式と、市場における売買を個別競争売買の方法で行うザラバ方式とがある。

板寄せ方式

板寄せ方式とは、時間になった瞬間に、それまでに集まった買い注文と売り注文を価格優先、時間優先の原則に従って次々に対当（約定させるために、同数量の買い注文と売り注文を紐づけること）させていき、取引数量が最大となる価格を単一の約定価格とする方式である。東証の立会市場では、前場や後場の立会開始時や終了時、および売買停止後の最初の約定価格を決める約定について用いられる。

ザラバ方式（オークション方式）

ザラバ方式とは、価格優先の原則および時間優先の原則に従い、売りと価格の条件の合致したものから順に約定させる方式である。価格優先の原則とは、買い注文については注文価格の最も高い注文を、売り注文については注文価格の最も安い注文を優先させることである。また、時間優先の原則とは、同じ注文価格なら時間的に先に出された注文から取引を優先させることである。なお、東証の立会市場では、寄付と引けの間の時間で行われる取引はザラバと呼ばれる。

2-4-3　呼値の単位

呼値とは、注文時の売買区別を含めた価格のことであり、呼値の単位とは注文する時の値段の刻みである。呼値の単位は、売買の対象となる銘柄およびその値段の水準に応じて決められており、任意の呼値を設定することはできない。たとえば、現在東証では、TOPIX100構成銘柄の値段の水準が10,000円超30,000円以下では呼値の単位は5円となり、呼値は10,000円、10,005円、10,010円というように限定される。一方で、PTSでは東証よりも呼値の単位を細かく設定している。これは、東証で提示されている価格よりも有利な価格で取引が行える可能性が生じるので、自身の市場に注文を呼び込むための制度である。なお、呼値の単位は「ティック」とも呼ばれる。

2-4-4　東証のオーダー・タイプ

現在、東証の立会市場では基本的な注文である、指値注文、成行注文に加え、条件を付加した寄付条件付注文、引け条件付注文、不成注文、IOC注文といった注文方式がある。注文の際には、これらの注文方式から選択し、数量や（必要があれば）価格を指定したうえで発注を行う。以下、各注文の特徴について詳しく説明する。

指値注文（Limit Order）

指値注文とは、指値価格と呼ばれる希望価格を提示して発注する注文であり、指値価格または指値価格より有利な価格の注文と約定する。

指値注文は、指定した価格より悪い価格で約定してしまうことは起こらないが、必ず約定できる保証もない。

成行注文（Market Order）

成行注文とは、価格を指定せず発注する注文であり、注文到達時点の最良価格と約定する。たとえば、買いの成行注文を発注した場合、注文到達時点で板に乗った注文があれば、まず、そのうちの最も安い売り注文と約定する。最も安い売り注文の数量が注文数量より少なく、すべての数量が対当できない場合は、次に良い価格に順に対当させていく。

成行注文は価格を指定せずに発注するので、思いがけない価格で約定してしまうこともありうるが、対当する注文があれば必ず約定する。また、成行注文は、価格優先の原則において指値注文より優先度が高いという特徴もある。つまり、成行注文と指値注文が同時に発注されたとき、成行注文のほうが優先される。

寄付条件付注文

寄付条件付注文とは、前場または後場の寄付時に執行することを条件にし

た注文方式である。つまり、指値注文や成行注文に寄付条件が付加された注文である。たとえば、指値注文に寄付条件を付加して発注すれば、その注文はすぐに板に乗らずに、寄付時にのみ指値注文として板に乗る。なお、寄付時に約定しなければ、その指値注文は失効する。

引け条件付注文

引け条件付注文とは、前場または後場の引け時に執行することを条件にした注文方式である。指値注文や成行注文に引け条件を付加して発注することができる。たとえば、成行注文に引け条件を付加して発注すれば、通常の成行注文なら対当できる板があれば約定されるが、この場合は即時に対当せずに引け時の板寄せで初めて成行注文として執行される。もし、引け時に約定しなければ、その成行注文は失効する。

不成注文

不成注文とは、ザラバ中では指値注文と同様の注文として取り扱われ、もしザラバで約定されなければ引け時に成行注文として執行される注文方式である。たとえば、100円の売りで不成注文を発注した場合、ザラバ中は100円売りの指値注文として扱われる。引け時までに約定しなければ、その注文は引け時に売りの成行注文として執行される。

IOC注文（Immediate or Cancel Order）

IOC注文とは、価格を指定して発注し、その指定した価格または指定した価格よりも良い価格と約定し、約定せずに残った数量は即時に失効する注文である。

たとえば、数量20で100円の売りIOC注文を発注したとする。この時、数量10で101円の買い板と数量3で100円の買い板があったとき、発注したIOC注文は、数量10で101円の買い板と、数量3で100円の買い板と対当する。その結果、売りIOC注文が数量7だけ残ることになり、この残った数量は失効

することになる。また、もともと対当する注文がなければ、数量20で100円の売りのIOC注文は約定せずに失効することになる。IOC注文方式は、チャイエックスPTSでも利用できる。

2-4-5 その他の市場のオーダー・タイプ

PTSでは東証とは異なった注文方式をとっている。現在、PTSで取り扱われている注文方式として指値注文はあるが、成行注文はない。また、寄付条件や引け条件といった注文もない。一方で、PTSの特徴的な注文方式として、アイスバーグ注文（Iceberg Order）やペグ注文（Peg Order）、FOK注文（Fill or Kill Order）、Post Only注文がある。

大阪取引所は東証と同じ日本取引所グループであるが、デリバティブ専門の市場である。その大阪取引所には東証にはないオーダー・タイプがいくつかある。

アイスバーグ注文

アイスバーグ注文は次のような挙動を示す注文方式である。まず、注文の一部分を表示し、残りは表示しない。その表示されている注文が約定された際には、表示していなかった注文の一部を新たに表示するという注文方式である。アイスバーグ注文の効果は、大口の数量の注文をしたい場合に、株価への影響を低減できることがある。アイスバーグ注文は、チャイエックスPTSで利用できる。

ペグ注文

ペグ注文とは、東証の仲値などの、あらかじめ指定されている基準価格を指値とする指値注文である。基準価格が動けば、発注したペグ注文の指値も自動的に変更される。ペグ注文は基準価格に応じて、ミッド・ペグ注文、マーケット・ペグ注文、プライマリペグ注文の3種類がある。日本では、ペグ注文は、チャイエックスPTSで使用できる。

ミッド・ペグ注文の基準となる価格は、取引所（たとえば、東証など）の仲値と呼ばれる価格となる。たとえば、100円が取引所の仲値であるとき、売りのミッド・ペグ注文を発注すれば、100円の売りの指値注文として扱われる。もし、仲値が101円に上昇すれば、ミッド・ペグ注文は101円の売りの指値注文となる。

　次に、マーケット・ペグ注文の基準価格は、取引所の最良買気配もしくは最良売気配に対して売買が対峙するように定まる。たとえば、売りのマーケット・ペグ注文を発注した際に、取引所の最良買気配が100円であれば、100円の売りの指値注文として発注される。取引所の最良買気配が101円になれば、発注したマーケット・ペグ注文は101円の売りの指値注文となる。

　最後に、プライマリペグ注文の基準価格は、取引所の最良買気配もしくは最良売気配の価格となる。たとえば、取引所の最良買気配が100円であれば、プライマリペグ注文は100円の買いの指値注文として発注される。取引所の最良買気配が101円になれば、発注したプライマリペグ注文は101円の買いの指値注文となる。

FOK注文

　FOK注文とは、注文の全数量が約定できるときのみ執行し、全数量が約定できないときには失効する指値注文である。注文の振る舞いはIOC注文とよく似ているが、IOC注文は発注数量の部分的約定を認めているのに対し、FOKは全数量が約定できなければ約定せず全数量失効する点が異なる。FOK注文はジャパンネクストPTSで使用できる注文方式である。

Post Only注文

　Post Only注文とは、注文到達時点で対当する注文が板にないときに板に乗り、対当する注文が板にある場合はキャンセルされる指値注文である。ジャパンネクストPTSやチャイエックスPTSではこの注文の取扱いを行っている。

対当値段条件付注文

対当値段条件付注文とは、価格を指定せずに発注し、最良買気配、もしくは最良売気配と対当するように価格づけされた指値注文である。約定ができなければ失効するが、部分的に約定した場合は、残数量は板に残る。このオーダー・タイプは、大阪取引所で利用できる。

条件指定

大阪取引所では、基本的なオーダー・タイプに、通常条件（Good for Day：GFD）、指定期間条件（Good till Date：GTD/Good till Cancel：GTC）、残数量取消条件（Fill and Kill：FAK）、全数量失効条件（Fill or Kill：FOK）という条件を指定して発注できる。GFD条件とは、発注した当日の日中立会終了まで注文が有効となる条件である。GTD条件とは、指定した日まで注文が有効となる条件である。GTC条件とは、注文を取り消すまで有効となる条件である。FAK条件は、IOC注文と同様に約定せずに残った数量が失効となる条件である。FOK条件とは、PTS市場のFOK注文と同様に全数量を約定できない場合には全数量が失効となる条件である。

2-4-6 空売り

空売りとは、売買したい株式などを借り入れて他者に売却することをいう。空売りを用いる場面としては、将来的に株価が下がることを予想する場面が考えられる。その場合において、現時点で株式を空売りし、価格が下がった将来の時点で株式を買い戻すことによって利益を得ることができる。

空売りのための株式は他の株主から証券会社などを通じて借りる必要がある。その際、株式の借り手は、貸し手に貸株料等を払う。株式の貸し手には、株価が上昇し借り手が返却のために株式を市場から買い入れることができず、貸し手に株を返却できないことで貸し手が損失を被るリスクがある。このリスクを抑えるため、株式の借り手は貸し手に担保として保証金を差し入れる。東証においては制度信用取引や一般信用取引の枠内で貸借取引がで

きる。また制度信用取引では、品貸料(逆日歩)を支払う必要があることがある。なお、株主との交渉や契約に基づいて株式を直接借り入れて空売りを行う場合は、東証における信用取引には当たらない。

　空売りは自由にできるわけではなく、ルールにのっとって行う必要がある。たとえば、空売りであることを明示する必要があるほか、取引所の参加者(証券会社等)は空売りにかかわる有価証券の借入れ等の決済措置の確認がとれない場合は取次を行ってはならないという規制がある。これは、無尽蔵に空売りを許すと相場が意図的に崩されてしまう可能性があるので、受渡決済に回せる株式の調達で見込まれる数量以上の空売りを規制するという意図である。

　また価格面についても、基準価格から10%以上下落した場合、その瞬間から翌日の立会終了まで価格規制がかかる。具体的には、株価上昇局面では直近公表価格未満、株価下落局面では直近約定価格以下の価格での空売りが禁止される。

2-4-7　価格の急変動を防止する仕組み

　株価の急暴落は、投資家に対して多大な損失をもたらすおそれがある。そのような状況から投資家を保護するために、取引所は株価の急暴落などに対応するさまざまな制度を設けている。

　東証では、値幅制限という制度がとられている。値幅制限とは、前日から求まる基準値段を中心として、取引中の価格の変動に制限をする制度である。その価格変動の制限幅の上限まで株価が上がることをストップ高、下限まで株価が下がることをストップ安と呼ぶ。ストップ高の価格とストップ安の価格は制限値段と呼ばれる。

　また、東京証券取引所では、制限値幅の範囲内での価格の急変動を緩和するために、直前の約定価格と比較して一定の値幅の範囲内のときに限り即時に売買を成立させ、そうでない場合には売買を成立させずにその特別気配を表示する、という仕組みを採用している。この一定の値幅を気配の更新値幅

と呼ぶ。特別気配は３分ごとに更新され、徐々に売買が成立する値段に近づけられていく。たとえば、直前の約定価格が750円、売り気配800円の状況において、800円の買い指値注文を発注する場合を考える。この時の気配の更新値幅は10円なので、即時に800円で約定するのではなく、760円に特別買い気配が表示される。状況が変わらない限り、特別買い気配は３分ごとに770円、780円と10円刻みで更新され、発注から12分後に800円で約定が成立する。

また、連続的な買い上がりや売り下がりなどでは、気配の更新値幅より小さい値幅で価格が更新されると、価格が急変動しても特別気配は表示されない。このような状況に対応するために、連続約定気配という仕組みが導入されている。これは、一定時間内に直前の約定価格から気配の更新値幅の２倍を超えた価格で連続的に売買が成立する場合には、その約定価格から気配の更新値幅の２倍の値段まで売買を成立させた後、連続約定気配を１分間表示することで価格の急変動を周知する仕組みである。連続約定気配表示中は、板寄せ方式で売買が行われる。また、連続約定気配が表示された時点から１分経過した後に更新値幅を超える注文が残っている場合には、連続約定気配を特別気配に切り替える。この時の特別気配は、連続約定気配値段を基準とし気配の更新値幅に応じたものである。

大阪取引所では、制限値幅に加えてサーキット・ブレーカー制度も採用されている。サーキット・ブレーカー制度は、価格がある一定以上の変動をしたときに、取引を一時的に中断する制度である。

2-4-8 マーケット・メイカー制度

マーケット・メイカー制度とは、取引参加者が申請し指定を受けたうえで、マーケット・メイクを行う制度である。取引参加者は、取引手数料の割引や固定金額の支給などのインセンティブを得るかわりに、買いと売りの指値注文を提示することで、市場に流動性を供給する。この制度は、流動性が低い銘柄に対して流動性を供給することで、取引を円滑に成立させることを

意図している。たとえば、大阪取引所では、プライマリマーケットメイカーと流動性供給参加者という2つの形態が準備されている。プライマリマーケットメイカーの場合は、常に売呼値および買呼値を提示する義務を負う。一方、流動性供給参加者の場合は、売呼値および買呼値を提示する義務はない。

2-5 マーケット情報

マーケット情報とは、注文情報、約定情報およびそれらの統計情報のことである。これらの情報は取引所などから配信され、投資家は証券の売買判断の参考にしている。

本節では、注文情報、約定情報、統計情報といったマーケット情報について説明する。

2-5-1 注文情報

注文情報とは、投資家から発注された注文に関する情報のことである。板が注文情報の代表例である。

板

板(Limit Order Book:LOB)とは、指値注文情報の集まりである。板には、通常、銘柄、希望価格、数量などの情報が含まれている。板の情報をもとに、取引開始時点から買いと売り、数量、価格ごとに集計し整理することで、注文情報を視覚的に把握できる図を作成することができる。たとえば、図表2-4のようになる。このような図のことを板と呼ぶこともある。

なお、取引所では、注文者・注文時間などの非公開情報が含まれた板を管理している。

このように板をみることにより、どの価格に買い注文（売り注文）がどれだけの数量があるかがわかる。投資家はその情報から価格がどのように変動するのかを予測して取引を行う場合もある。また、アルゴリズム取引でも板の状態をトリガーとして発注判断をしている場合もある。さらに、同一価格内での注文の順番であるキュー情報を反映した板を作成し、取引を行うアルゴリズムもある。

板の価格

　提示されている希望価格を気配または気配値と呼ぶ。提示されている売り注文の価格のなかで、最も低い価格のことを最良売気配（値）（Best Ask Price）もしくは最良売価格と呼ぶ。また、提示されている買い注文の価格のなかで、最も高い価格のことを最良買気配（値）（Best Bid Price）もしくは最良買価格と呼ぶ。最良売気配と最良買気配をまとめて最良気配（値）（最良価格）と呼ぶ。最良売気配と最良買気配の平均を仲値（Mid Price）と呼ぶ。さらに、最良売気配と最良買気配の価格の差をビッド・アスク・スプレッド（Bid-Ask Spread）、売買スプレッド、もしくは単にスプレッドと呼ぶ。ただし、スプレッドという用語は多くの異なる場面で登場するので、その文脈によって何を指しているのか適切に判断する必要がある。図表２－４のような板の状態では、最良売気配が101、最良買気配が100、仲値が100.5、スプレッドが１となる。

板情報の取得

　現在、個人投資家は証券会社から板情報を取得することができる。取得できる板情報によっては、すべての気配を知ることはできないが、契約次第ですべての価格に発注されている注文情報を取得することもできる。また、サービスによってはリアルタイムで更新されていくものもある。ただしリアルタイムとはいっても、情報の更新スピードは実際のアルゴリズム取引の数ミリ秒での攻防よりも遅く、厳密な意味でのリアルタイムのデータではない

図表２－４　板の具体例

時刻　10:00:00

売数量	価格	買数量
	買成行	
1800	104以上	
180	103	
200	102	
250	101	
	100	200
	99	150
	98	130
	97以下	2000
	売成行	

＊本書では、必要な場合に限り、最上部に「買成行」、最下部に「売成行」の表示欄を設ける。このように表現することで、対当の優先順位を指値注文と同じ基準で把握することができる。通常は、単に「成行」として売りと買いを区別せずに一番上に表示することが多い。

ことに注意を要する。

2-5-2　約定情報

　約定情報とは、約定価格、約定数量、約定時刻などの情報のことである。

　ここで、約定時の板の動きをみてみる。もし、図表２－４の板が時刻10：00：10の時、価格101の数量200の買い指値注文が発注されたとする。その時、板は図表２－５のように動く。

　発注の時点では、数量250の売りの指値注文があった。発注された数量200は、売りの指値注文のうち数量200だけが約定し、数量50が板に残る。この約定により約定情報として、時刻10：00：10に価格101で数量200の約定が成立したことが配信される。この株価が約定した値段、数量、売りと買いの別を時間順に並べたものを歩み値と呼ぶ。

2-5-3 統計情報

統計情報とは、一定期間の銘柄ごとの取引情報をまとめた情報である。たとえば、その日の平均約定価格や売買数量などである。また、集計する期間も利用者の目的に応じて、1日・1カ月・1年などさまざまである。

東証などの取引所はあらかじめ定めた期間の統計情報を定期的に配信している。また、注文情報や約定情報から統計情報を算出することも可能である。その場合、10分ごとなど自らが利用したい期間で算出することができる。

以下、代表的な統計情報として、4本値、売買代金および売買高、VWAP（Volume-Weighted Average Price）について説明をする。これらの指標は、1日のデータだけでなく、複数のデータの変化をみることによって、長期的な取引の参考にすることもできる。

4 本 値

4本値とは、始値、高値、安値、終値の4つの価格の総称である。これらの値は、立会時間などのある決まった期間に対して、最初に取引された約定価格を始値、最後に取引された約定価格を終値、最も高い約定価格を高値、最も安い約定価格を安値と呼ぶ。この4本値をみることにより、一定期間の株価の変化について知ることができる。

売買代金

売買代金とは、銘柄ごとに一定期間の取引量を金額で表したものである。売買代金をみることによって、その期間に活発に取引がされていた銘柄などを知ることができる。

売 買 高

売買高とは、出来高とも呼ばれ、銘柄ごとの取引数量を合計したものであ

図表2-5　約定時の板の動きのイメージ

時刻　10:00:10

売数量	価格	買数量
	買成行	
1800	104以上	
180	103	
200	102	
250	101	200
	100	200
	99	150
	98	130
	97以下	2000
	売成行	

→

時刻　10:00:10

売数量	価格	買数量
	買成行	
1800	104以上	
180	103	
200	102	
50+200	101	200
	100	200
	99	150
	98	130
	97以下	2000
	売成行	

→

時刻　10:00:10

売数量	価格	買数量
	買成行	
1800	104以上	
180	103	
200	102	
50	101	
	100	200
	99	150
	98	130
	97以下	2000
	売成行	

る。時間帯別売買高や価格帯別売買高を利用することもある。売買高をみることによって、活発に取引がされていた銘柄や時間帯などを知ることができる。

VWAP（Volume-Weighted Average Price）

VWAPとは、取引ごとの価格を売買高で加重平均したものである。機関投資家の執行価格の目標値として用いられることが多い。

2-6　レイテンシー削減のための接続方式

　レイテンシーとは、投資家の売買意思が実際の市場に届くまでの時間遅延のことである。投資家の注文が市場に届くまでに時間がかかると、投資家の売買意思決定時とは、市場の状況が異なり、投資家の目論見どおりの約定が実現できない可能性が高まる。そのため、投資家はレイテンシーを可能な限り小さくしたいと考える。

　近年、投資家のレイテンシー削減の期待に応えるために、レイテンシーを抑えることに効果的なインフラを含むさまざまな仕組みが、取引所や証券会社から提供されている。たとえば、東証ではアローネット（arrownet）と呼ばれる日本取引所グループの売買システムと取引参加者をつなぐネットワーク環境が提供される。また、東証の立会取引、2010年にアローヘッド（arrowhead）と呼ばれる売買システムが稼働し、非常に高速な売買が可能となった。このアローヘッドは2015年にリニューアルされ、さらに高速な取引が可能になっている。

　本節では、証券会社や取引所といった市場が提供している代表的な接続方式である、ダイレクト・マーケット・アクセス（Direct Market Access：DMA）、プロキシミティ・サービス、コロケーション・サービスを紹介す

る。

2-6-1 DMA（Direct Market Access）

DMAとは、投資家が証券会社の接続システムを用いて、市場に直接アクセスできる仕組みである。証券会社を介して取引を行う場合に比べて、DMAは投資家が市場に直接アクセスして取引が行えるため、レイテンシーは小さくなる。

2-6-2 プロキシミティ・サービス

プロキシミティ・サービスとは、取引所のシステムのアクセスポイント近くに、取引参加者のサーバー等を設置することを許可するサービスである。発注に用いるサーバーが取引所の売買システムのアクセスポイントに物理的に近づくため、レイテンシーを小さくできる。日本においては、東証はアローネットのアクセスポイントに隣接するデータセンター内に、サーバーを設置できるサービスを提供している。

2-6-3 コロケーション・サービス

コロケーション・サービスとは、取引参加者が売買執行を行うサーバーなどを、取引所の売買システムの近くに設置することを許可するサービスである。東証では、アローヘッドと同じプライマリサイト内のスペースにサーバーを置き、アローヘッドと同じネットワークに接続できる。また、PTS市場でも、このようなコロケーション・サービスを提供している。

図表2-6　DMAのイメージ

図表2-7　東証の接続環境のイメージ

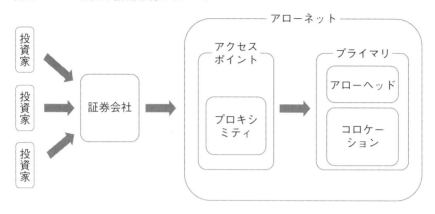

2-7　不公正取引

　不公正取引とは、円滑な売買を阻害する取引や不公正な価格形成を生じさせる取引など、一般投資家の利益を阻害する取引のことである。不公正取引の例として、インサイダー取引や相場操縦がある。インサイダー取引とは、会社の内部情報を公表される前に取得した人が、情報公開前に株の売買を行う行為である。インサイダー取引は、公表前の内部情報を利用するものなので、アルゴリズム取引に組み込むことは難しい。一方、相場操縦については、アルゴリズム取引のロジックに組み込むことは可能である。そこで、本節では、相場操縦について説明をする。

2-7-1　相場操縦

　相場操縦とは、市場において意図的に価格を操作するような注文を出し、それによって利益を得るような行為である。ここでは代表的な相場操縦である見せ玉、仮装売買、馴合売買について説明する。

見せ玉とは、約定意思のない大量の注文を発注し、自分に有利なように価格を操作して取引を行うことである。たとえば、現在の株価が100であり、売りの指値注文として価格102に発注していたとする。そこで、98円に大量に買い注文を発注する。すると、買い板が厚いことから、他の投資家は株価が下落しにくいと判断し、この判断を受けて買い注文が発注され、株価が上昇する。その結果、価格102の売り注文が約定し、希望していた価格で取引を行うことができることになる。そして、約定が成立したところで、発注していた買い注文を取り消す。

　仮装売買とは、ある一人の投資家が同時に買い注文と売り注文を同価格で発注し約定させる、権利の移転を目的としていない取引行為である。また、馴合売買とは、仮装売買とは異なり複数の投資家が手を組んで、仮装売買と同様の行為を行うものである。仮装売買や馴合売買は、取引があまり活発でない銘柄などで、あたかも取引が活発に行われているかのように他の投資家に誤解させ、取引を誘引することを目的としている。

2-7-2　アルゴリズム取引と相場操縦

　HFTによる高速・高頻度の発注および取消など、アルゴリズム取引によって相場操縦が行われているのではないか、という議論がしばしばなされている。

　相場操縦は、注文の発注や取消を用いて価格の操作や取引の誘因をねらう行為である。したがって、ある程度のパターン化は可能であり、それをアルゴリズム取引のロジックに組み込むことも可能である。実際、5－6で説明するように、市場操作にあたるのではないかと疑わしいアルゴリズムもある。

2-8　アメリカの市場環境

前節まで日本の市場環境について説明を行ってきたが、本節ではアメリカの市場環境について説明する。

特に、アメリカの証券市場、最良執行義務、特殊なオーダー・タイプ、メイカー・テイカー手数料モデル、およびスポンサード・アクセスとネイキッド・アクセスについて紹介する。ただし、これらの説明は次章以降を理解するうえで必要最低限なものに絞る。

2-8-1　アメリカの証券市場

アメリカではニューヨーク証券取引所（New York Stock Exchange：NYSE）やNASDAQ（National Association of Securities Dealers Automated Quotations）などの複数の市場に取引のシェアが分かれており、市場の分裂が進行している。また、アメリカでは取引所以外の取引が取引シェアの40％程度を占めており、そのなかの実に3分の1程度がダークプールであるといわれている。

市場の分裂とは、複数の市場で同じ銘柄が取引されることである。市場の分裂が進むと、単一の市場に比べて流動性の低下や価格形成が非効率になるなどの問題が生じてくる。アメリカの市場では、日本と異なり、非上場取引特権（UTP：Unlisted Trading Privileges）と呼ばれる制度があり、他の取引所に上場している銘柄の取引も自市場で執行できることから、市場の分裂が進んだ。

2-8-2　アメリカの最良執行義務

アメリカの最良執行義務は、最良の価格で執行することである。他の取引市場に自市場よりも良い価格がある場合には自市場で執行してはならないと

いうトレード・スルーの禁止が規定されている。日本の最良執行義務は、価格のみではなくコストやスピード、執行の確実性などを勘案して執行することであり、これとは大きく異なる。

すでに述べたように、アメリカでは取引所が複数存在し、さらに市場が分裂している状態である。その状態で価格最優先の最良執行義務を達成するために、最良の価格が提示されている別の市場に注文が回送される仕組みが準備されている。

2-8-3　アメリカの特殊なオーダー・タイプ

アメリカ市場では日本市場で取り扱われていないような複雑で豊富なオーダー・タイプが取り扱われている。ここでは、非表示注文（ヒドゥン・オーダー）とISO注文（Intermarket Sweep Order）を説明する。

ヒドゥン・オーダー（Hidden Order）

アメリカの市場では板に表示されていない注文がある。注文情報が表示される注文を表示注文、表示されない注文をヒドゥン・オーダー（Hidden Order）という。ヒドゥン・オーダーのメリットは、注文情報を他者に知られないことである。一方でヒドゥン・オーダーのデメリットは、ある価格に表示注文より先に発注していたとしても、非表示注文の優先度は劣後するというものである。

ISO注文（Intermarket Sweep Order）

ISO注文とは、複数の市場に同時に発注できる指値注文である。この注文では、注文したい銘柄を注文できるすべての市場に共通の指値を発注者が指定し、その指値より有利な表示注文をすべて消化できるような数量を市場ごとに指定し注文する。各市場では注文を同時並行的に処理し完結させ、他市場に回送しない。もちろん、指値で対当する表示注文がない市場へは、注文を行わなくてもよい。

ISO注文は、最良執行義務と執行の即時性を両立する注文方法として、導入された。アメリカ市場では厳格な最良執行義務があるため、ISO注文でない注文は、最良気配値を提示する市場同士を回送され、市場間に漂う可能性がある。その場合、執行の即時性が失われることや注文情報の過度な流布が生じるといった問題が生じる。

この注文において、証券会社は、すべての市場の状況を常に把握し注文の条件を全市場が満たしていることを確認したうえで、各市場に取り次ぐ。各市場は、注文に付与されたISO注文を示す情報の有無をみて、ISO注文ならば他市場への回送を行わず自市場で完結させる。図表2−8に、市場が3つの場合のISO注文の例を示した。

2-8-4 メイカー・テイカー手数料モデル

メイカー・テイカー手数料モデルとは、注文が約定した際に、先に板に注文を置いていた取引参加者（メイカー）へ取引所からメイカー・リベートと呼ばれる報酬が支払われ、メイカーの注文と対当する注文を発注した取引参加者（テイカー）から取引所がテイカー・フィーと呼ばれる手数料を受け取る仕組みである。

取引所が取引により利益を得られるように、通常テイカー・フィーのほうがメイカー・リベートより大きく設定されている。メイカー・リベートの存在により、投資家から注文を呼び込むことにつながり、流動性を確保でき、市場を活発化させうる。特に、アメリカのように市場の分裂が進んでいる場合は、取引を自市場に注文を呼び込むためにメイカー・テイカー手数料モデルのような仕組みを採用して、競争が活発になっている。

また、リベートがフィーよりも大きい、逆手数料モデルも存在している。この場合は、取引所側に不利で投資家側に有利なので、新興市場が注文を呼び込む際に採用する場合がある。

このほかフィーの支払側と、リベートの受取り側を逆にしたテイカー・メイカー手数料モデルのような仕組みも存在する。このモデルは、テイカー側

figure 2-8 ISO注文の例

ISO注文前の各市場の板

A市場

売数量		価格	買数量	
非表示	表示		表示	非表示
100	100	10.03		
100	100	10.02		
100	100	10.01		
		10.00	100	

B市場

売数量		価格	買数量	
非表示	表示		表示	非表示
	100	10.03		
	100	10.02		
		10.01		
		10.00	100	

C市場

売数量		価格	買数量	
非表示	表示		表示	非表示
100	100	10.03		
100		10.02		
100		10.01		
		10.00	100	

ISO注文の例（$10.02の買い）

A市場

売数量		価格	買数量	
非表示	表示		表示	非表示
100	100	10.03		
100	100	10.02	200(ISO)	
100	100	10.01		
		10.00	100	

B市場

売数量		価格	買数量	
非表示	表示		表示	非表示
	100	10.03		
	100	10.02	100(ISO)	
		10.01		
		10.00	100	

C市場

売数量		価格	買数量	
非表示	表示		表示	非表示
100	100	10.03		
100		10.02		
100		10.01		
		10.00	100	

・$10.02の買いのISO注文。A市場、B市場、C市場の3つの市場のみがあるとする。
・A市場では、売り板の$10.02以下に売り数量200の表示注文があるので、数量200以上の指値注文が必要で、注文例では数量200でISO注文をした。
・B市場では、売り板の$10.02以下に数量100の表示注文があるので、数量100以上の注文が必要で、注文例では数量100のISO注文をした。
・C市場では、売り板の$10.02以下に表示注文がないので注文をしなくてもよく、注文例ではISO注文をしなかった。

に有利なので、取引量を増加させたいときに用いられる。

2-8-5 スポンサード・アクセスとネイキッド・アクセス

スポンサード・アクセス（Sponsored Access）とは、証券会社の発注システムを介さない接続方式で、証券会社より提供されている。この接続方式は、アメリカでは、DMAよりも接続スピードを速めるために導入された。証券会社のシステムを介さないことにより、証券会社は顧客の注文情報をリアルタイムで把握することは難しくなる。そのために、証券会社では、リスク・フィルターなどの注文情報をチェックするためのシステムを組み込んでいる。

さらに、証券会社のなかには、スポンサード・アクセスよりもスピードを速めるためにリスク・フィルターの機能すらもたない接続形式も登場した。このような接続形式をネイキッド・アクセス（Naked Access）と呼ぶ。ネイキッド・アクセスは、証券会社が顧客注文の管理を放棄しているとともに、顧客管理を行っている他の証券会社との不公平性が問題となり禁止された。なお、スポンサード・アクセスは、リスク・フィルターがあるので、禁止されていない。

第3章

市場取引におけるリターン、リスク、コスト、流動性

アルゴリズム取引は、なんらかの意味で、リスクをコントロールしながらリターンを追求する目的やコストを削減する目的で用いられる。そのため、アルゴリズム取引を理解するうえで、これらの概念を正確に理解しておくことが必要である。

本章では最初に、リターンやコストを考えるうえで基本となる、損益に関する用語をまとめる。そのうえで、売買の意思決定時の目論見である想定リターン、売買の結果としての実現リターン、想定リターンと実現想定リターンとの差である潜在コスト、およびそれらのリスクについて説明する。最後に、アルゴリズム取引においても大切な流動性についてもまとめておく。

3-1 損　益

損益とは、実際に獲得した収益から、それに付随する費用を引いたものである。何を含めるのか、いつ把握するのかに応じて、実現損益と売買損益、そして評価損益の3つの損益を本節では定義する。

3-1-1 実現損益

実現損益とは、売買の価格差からなる売買損益に取引に伴って発生する付随収益や付随費用を考慮したもので、

　　実現損益＝売買損益＋付随収益－付随費用

と与えられる。この損益は、売買の完了の後に把握される。

付随収益は実現損益のうちの売買損益以外の収益で、メイカー・テイカー手数料モデルによるメイカー・リベートや配当などの収益である。

付随費用は実現損益のうちの売買損益以外の費用で、取引所や証券会社等に支払うさまざまな手数料、メイカー・テイカー手数料モデルによるテイカー・フィー、貸株料や品貸料といった信用取引関係諸費用、税金などの費

用である。これ以外にも人件費やシステムの費用といった内部費用も付随費用に含まれる。内部費用は通常、取引と一対一対応させて把握する類の費用ではないが、アルゴリズムの使用目的に内部費用の削減が含まれるため、本書では付随費用に含めている。

なお、通常は、付随収益よりも付随費用のほうが多く、実現損益は売買損益よりも少なくなる。

3-1-2 売買損益

ここでは、売買損益について説明し、メイクでの約定とテイクでの約定の売買損益への影響を説明する。

売買損益

売買損益は、実際の証券の購入金額と売却金額との差で、

売買損益 = 売却金額 − 購入金額

と与えられる。たとえば、100円で2,000株の株式を購入し、110円ですべてを売却したとする。この時、購入金額および売却金額は、

購入金額 = 100円 × 2,000 = 200,000円
売却金額 = 110円 × 2,000 = 220,000円

なので、売買損益は、

売買損益 = 220,000円 − 200,000円 = 20,000円

となる。この例では、購入および売却はそれぞれ1回の約定としているが、分割されることもある。約定の分割は、1回の市場への注文が複数の価格の注文と対当して約定する場合もあるが、注文を複数個の注文に分けて発注しそれぞれが約定する場合もある。分割まで考慮すると、購入金額および売却金額は、一般に、

購入金額 = (個々の約定価格 × その約定数量) の合計額
売却金額 = (個々の売却価格 × その約定数量) の合計額

となる。

メイクとテイクの売買損益への影響

ザラバにおいて、買いの場合は、売りの最良気配値より安い値段への注文をメイク注文、同じ値段以上への注文をテイク注文という。売りの場合は、その逆で、買いの最良気配値より高い値段への注文がメイク注文、同じ値段以下への注文がテイク注文である。別の言い方をすると、メイク注文は板に乗り、テイク注文は板にあるメイク注文と対当し約定する。ザラバでの約定は、片方の投資家にとってメイクで約定したなら、もう片方の投資家にとってはテイクで約定したことになる。メイクで約定した注文を出した投資家がメイカー、テイクで約定した注文を出した投資家がテイカーである。

同じタイミングの約定ならば、自己の取引がメイクで約定したほうがテイクで約定するよりも売買損益は良くなる。このことをみてみよう。図表3−1に、メイクでの約定およびテイクでの約定の場合の購入価格や売却価格とそのスプレッドの例を示しておく。

図表3−1から、仲値を基準とすると、

購入価格（メイク）＝購入時仲値−購入時の売買スプレッド÷2

購入価格（テイク）＝購入時仲値＋購入時の売買スプレッド÷2

図表3−1　メイク・テイクでの約定の購入・売却価格とその売買スプレッドの例

	売数量	価格	買数量	
	100	107		
	100	106		
売却価格（メイク）→	100	105		←購入価格（テイク）
		104		
仲値→		103		市場スプレッド
		102		
売却価格（テイク）→		101	100	←購入価格（メイク）
		100	100	
		99	100	

売却価格（メイク）＝売却時仲値＋売却時の売買スプレッド÷2

売却価格（テイク）＝売却時仲値－売却時の売買スプレッド÷2

となることがわかる。このように、買いの場合も売りの場合もメイクでの約定は市場仲値より売買スプレッドの半分得になる。逆に、テイクでの約定は売買スプレッドの半分損となる。このことを指して、メイクでの約定ではスプレッド収益を獲得し、テイクの場合はスプレッド費用を支払ったという場合がある。

それでは、メイクで売買した場合とテイクで売買した場合の売買損益をみてみよう。購入時と売却時で市場仲値、売買スプレッドがそれぞれ同じと仮定しよう。この場合、メイクで購入および売却した場合のみ、スプレッド分の益が得られることになる。一方、テイクで購入および売却した場合は、スプレッド分の損となる。そして、メイクで購入しテイクで売却した場合およびテイクで購入しメイクで売却した場合は、いまの仮定では、損益はゼロである。

購入時と売却時の市場価格（仲値）の差が小さい場合は、スプレッド収益とスプレッド費用の損益への割合が大きくなるので、メイクで売買するのかテイクで売買するのかがとても大切である。たとえば、マーケット・メイカーは、メイクでの売買を基本とし、まさにこのスプレッドを収益源としている。以上をまとめると、メイクとテイクの損益への影響は図表3－2のとおりである。

図表3－2　メイクとテイクの損益への影響

	メイクで売却	テイクで売却
メイクで購入	（売却時仲値－購入時仲値）＋（売却時市場スプレッド＋購入時市場スプレッド）÷2	（売却時仲値－購入時仲値）＋（－売却時市場スプレッド＋購入時市場スプレッド）÷2
テイクで購入	（売却時仲値－購入時仲値）＋（売却時市場スプレッド－購入時市場スプレッド）÷2	（売却時仲値－購入時仲値）－（売却時市場スプレッド＋購入時市場スプレッド）÷2

3-1-3 付随収益

　付随収益とは、実現損益のうち売買損益以外で収益となるものである。具体的にどのようなものか、個別に説明する。

リベート

　リベートとは、取引を活発化させるために証券取引所がマーケット参加者に支払っている報酬である。制度として市場に仕組みがなければ、この収入はない。具体的には、呼値駆動型やハイブリッド型市場におけるマーケット・メイカーが受け取る報酬は、リベートである。たとえば、大阪取引所の先物・オプション市場ではマーケット・メイカー制度が導入されており、取引所から取引手数料の割引および固定額の支給等のインセンティブが提供される。

　また、メイカー・テイカー手数料モデルを採用している市場では、市場に流動性を供給した参加者（メイカー）にリベートを払い、市場の流動性を消費した参加者（テイカー）にフィーが課される。

インカムゲイン

　インカムゲインとは、証券を保有することで安定的かつ継続的に受け取る収益のことである。株式の場合は、配当の権利確定日に株式を保持していると、配当金を受け取ることができる。

3-1-4 付随費用

　付随費用とは、実現損益のうちの売買損益以外でかかる費用である。具体的にどのようなものか、個別に説明する。

手　数　料

　手数料には、投資家が証券会社に支払う委託手数料および口座維持管理手

数料、証券の売買に伴って証券会社が取引所等に支払う売買手数料、メイカー・テイカー手数料モデルを採用している市場などで流動性を消費した証券会社が取引所等に支払う手数料などがある。

信用取引関係諸費用

信用取引関係諸費用とは、証券会社から株式を借りた場合にかかる貸株料やお金を借りた場合にかかる金利、信用取引で貸借される株式が不足すると発生する品貸料（逆日歩）などである。名義書替料や事務管理費もかかる。

税　　金

損益に依存した変動コストである。会計期間の合計損益が益の場合に課税される。

内部費用

人件費やアルゴリズム取引システムの開発・運用・保守費などである。一般に、アルゴリズム取引を導入することで、トレーダーの人件費などは小さくなるが、アルゴリズムの開発コストが必要になり、システムの維持・管理費のコストは増大する。なお、内部費用は通常、取引と一対一対応させて把握する類の費用ではないが、アルゴリズムの使用目的に内部費用の削減が含まれるため、本書では付随費用に含めている。

3-1-5　評価損益

評価損益とは、売りや買いのポジションがある状態で、評価時点での市場価格で評価したときの売買損益のことである。たとえば、ある銘柄の株式を数量100保持していたとする。その株式の取得単価は、1株当り101円であったとする。現在を評価時点とし、現在の株価が105円であったとすると、評価損益は、

評価損益 = (105円 − 101円) × 100 = 400円

と評価される。評価損益は、実際に市場で売った場合の売買損益とは一般に一致しないことに注意を要する。実際には、取引コストや市場の流動性、さまざまなリスクが関係している。これら取引コストや流動性については、次節以降で説明する。

なお、この時の市場価格は、目的や状況に応じて適当なものを採用する。たとえば、市場がクローズした後であれば終値を採用するのが適当である。ほかに、日中の取引時間内であれば、仲値やポジションを解消する場合の最良気配値を採用するのが適当である。

3-2　リターン、コスト、リスク

リターンとは、投資を行うことで得られる収益のことで、コストはその投資に伴う費用である。リスクは、リターンやコストの不確実性のことである。

リターンは、複数の投資戦略の優劣を把握するときなどには、実額でなく投資収益率で計られる場合もある。また、一部のコストを加味した収益を表す場合もある。コストのなかには、付随費用のようなわかりやすい費用もあるが、執行の巧拙によって変動する潜在的なコストもある。

本節では、本書で用いるリターン、コスト、リスクという言葉を整理するとともに、潜在的なコストについて説明する。

3-2-1　リターン

リターンとは、投資を行うことで得られる収益のことである。ただし、単にリターンというといろいろな意味で用いられるので注意が必要である。たとえば、どのタイミングで把握したものか、どの収益を入れどのコストまで反映したものか、また金額でみるのか、収益率でみるのかといった点で違い

が生じる。本書では、特に断らない場合、リターンは金額で把握することにする。また、取引を行う前に想定する収益を想定リターン、取引結果としての収益を実現リターンと呼ぶことにする。

想定リターンは、売買の意思決定時に想定した売買金額を用いて、

$$\text{想定リターン} = \text{想定売却金額} - \text{想定購入金額}$$

と与えることにする。ただし、リベート獲得などをねらう戦略の場合は付随収益に含まれるリベートなどの投資の目的とする収益も想定リターンに含める。

一方、実現リターンは、

$$\text{実現リターン} = \text{売却金額} - \text{購入金額}$$

で与える。想定リターンと同様にリベート獲得などをねらう戦略の場合は、リベートなどの投資の目的とする収益も実現リターンに含める。

3-2-2 コスト

取引のコストには、3-1-4で述べた付随費用と、潜在コストがある。本節では、潜在コストについて詳しくみていく。

潜在コスト

潜在コストとは、売買の意思決定時の価格と実際の売買結果との差で認識されるコストである。

潜在コストは、事後的にはインプリメンテーション・ショートフォール (IS) という量で定量化される。ISの数式を用いた定義は、付録Aに記載している。このコストは、実際の売買の前に直接的に把握することは難しいが、事後的には把握できる。ここでは、具体例を用いながら説明する。潜在コストは、事後的には

$$\text{潜在コスト} = \text{想定リターン} - \text{実現リターン}$$

で与えられる。すなわち、自分の想定する収益と現実の収益のギャップのことである。このギャップを潜在的なコストとして認識することがアルゴリズ

ム取引の執行戦略を理解するうえで重要である。潜在コストは、次のように、潜在コスト（購入時）と潜在コスト（売却時）に分解できる。すなわち、

　　潜在コスト＝潜在コスト（購入時）＋潜在コスト（売却時）
　　潜在コスト（購入時）＝（実際の）購入金額－想定購入金額
　　潜在コスト（売却時）＝想定売却金額－（実際の）売却金額

である。

　潜在コスト（購入時）や潜在コスト（売却時）は、実際に市場で取引してみると、執行が目論見どおりにはならないことから生じる。たとえば、自分の想定する価格で売買できないことや、売買したい数量を約定できないことが起こる。

　これから、実現リターンは、

　　実現リターン＝想定リターン－潜在コスト（購入時）－潜在コスト（売却時）

となる。これから逆に、想定リターンは、

　　想定リターン＝実現リターン＋潜在コスト（購入時）＋潜在コスト（売却時）

と分解できる。この分解を図示すると、図表3－3のようになる。

　なお、潜在コストと付随費用をあわせて、取引コストという。また、取引コストは、執行コストと呼ばれる場合もある。

図表3－3　想定リターンの分解

想定リターン	潜在コスト（売却時）	当初想定した売却金額
		実際の売却金額
	実現リターン	
	潜在コスト（購入時）	実際の購入金額
		当初想定した購入金額

潜在コストの分解

潜在コストは、次の発生要因によって、遅延コスト、流動性消費コスト、取引情報流布コスト、タイミング・コスト、機会コストに分解できる。

① 遅延コスト：売買意思決定時から注文の一部でも約定するまでの間の価格変化
② 流動性消費コスト：自身の注文が市場の流動性を消費することで生じる価格変化
③ 取引情報流布コスト：市場に自身の取引情報が流れることで、売買意思が他の参加者に認識され、価格が不利な方向へ動くことよる価格変化
④ タイミング・コスト：注文を分割執行した場合の、分割の最初の約定時点から最後の約定時点までの間の自己の注文以外の要因による価格変化
⑤ 機会コスト：当初想定した数量のすべてを執行できなかったこと

②と③はまとめて、マーケット・インパクト・コストと呼ばれる。

このうち、①遅延コストと④タイミング・コストは、自分の注文とは無関係に価格が動くことにより生じるもので、コストになる場合もあれば収益になる場合もある。一方、②流動性消費コストと③取引情報流布コストは、自分の注文により価格が動くことで生じるもので、一般に、価格は自己に不利な方向に動く。また、②の取引情報流布コストと④のタイミング・コストは、分割執行しないと生じない。これは、最初の約定とそれ以後の約定の価

図表3－4　分割注文有無と注文方法による潜在コストの有無

| | 潜在コスト | 分割注文なし | | 分割注文あり | |
		メイク注文	テイク注文	メイク注文	テイク注文
①	遅延コスト	なし	あり	なし	あり
②	流動性消費コスト	なし	あり	なし	あり
③	取引情報流布コスト	なし	なし	あり	あり
④	タイミング・コスト	なし	なし	あり	あり
⑤	機会コスト	あり	ほとんどない	あり	あり

格差から生じるものだからである。

なお、単独のメイク注文の場合は、約定するならその価格があらかじめ決まるので①から④までのコストは発生しないが、⑤の機会コストは発生する。もちろん、単独のメイク注文は自己の注文情報を市場に公開するので、取引情報の流布は行っていることになるが、自己の約定価格が注文時の想定と変わるわけではない。そのかわり、自己の注文をさらしたことで市場の価格は自己の約定にとって不利な方向へ動く可能性が高くなる。この効果は、⑤の機会コストを大きくする方向へ働く。逆に、単独のテイク注文の場合は、一般に、①から④は発生し⑤は小さい。

以下、これらの潜在コストをそれぞれ詳しくみていく。

遅延コスト

遅延コストとは、投資の意思決定時点の価格から執行時の価格が変動することによりかかるコストである。このコストは、情報の伝達や分析に時間を要することによる。具体的には、投資の意思決定時に用いた価格から執行時の価格が決まるまでに、少なくとも次のイベントがある。

時刻0　価格を含むマーケット情報の決定
時刻1　マーケット情報の配信
時刻2　マーケット情報の投資家への到達
時刻3　投資家のマーケット情報の分析やその他情報の分析による売買判断完了
時刻4　市場やブローカーへの注文の送信
時刻5　注文のマッチングエンジンへの到達
時刻6　約定による執行価格の確定

このように、投資家が投資判断に用いた価格が市場で決まった時刻0と投資家の注文が約定するまでの時刻6は異なるので、市場価格も変化する。たとえば、買いの場合、買付意思決定時に投資家が認識した想定約定価格が100円だったものが、実際に約定したときには101円だったとすると、1円の

遅延コストが発生したことになる。なお、売買意思決定時に決めた数量を分割してタイミングをずらして注文するなど、部分的に約定する場合は、意思決定に用いた価格と最初の約定価格との差に取引数量を掛けたものが遅延コストである。

この部分的に約定する場合も含めて、もう少し、具体的にみてみよう。いま、売買意思決定時点で100円の株を300株購入することを考える。実際の注文を分割する場合や、約定が分割されることにより、次のような値段で約定したとする。

売買意思決定時　100円
最初の100株　　101円
次の100株　　　102円
最後の100株　　104円

この場合の遅延コストは、

（101円－100円）×300＝300円

となる。

遅延コストは、市場のできるだけ近い場所でアルゴリズムを動かし、高速で情報を取得し、高速で注文の判断をさせ、高速で発注することで小さくできる。

マーケット・インパクト・コスト

マーケット・インパクト・コストとは、自己の注文によって執行中の価格が変動することで発生するコストである。自己の注文を市場でしたとき、最初の約定価格とその後の一連の約定価格の間に自己の注文によって差が生じると発生する。通常、結果としての約定価格は、当初想定した価格より悪くなる。

マーケット・インパクトには、流動性の消費により発生する価格変化と、取引情報そのものが今後の流動性の消費やそれに伴う価格変化発生の見込情報の発信とみなされることによる価格変化がある。前者によるコストを流動

図表3-5 マーケット・インパクトによる価格変化①

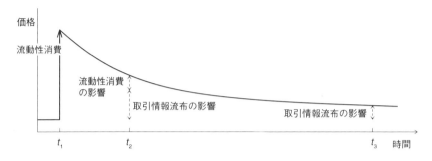

性消費コスト、後者によるコストを取引情報流布コストと呼ぶ。通常、流動性消費コストは一時的なものであり、しばらくすると適切な市場価格に戻ると期待される。それに対し、取引情報流布コストは、時間がたってもなかなかもとの価格に戻らない。

図表3-5に、マーケット・インパクトによる価格変化のイメージを図示した。この図では、時刻t_1で成行注文が約定したことを想定している。まず、価格は、流動性の消費により大きく変化し、その後、ある程度もとの価格に戻る。価格が戻るのは、消費された流動性は、比較的すみやかに新たな流動性により回復するからである。ただし、流布された取引情報の影響はそれより長期間残るため、もとの価格にまではなかなか戻らない。図表3-5の最初の大きな価格変化は流動性消費によるもので、その後流動性消費に基づく価格変化は緩和していくが、取引情報が流布された影響により、価格は完全にはもとに戻らないようすを表している。この場合のマーケット・インパクト・コストは、約定時刻t_1で発生し、約定の瞬間に流動性消費コストのみかかり、取引情報流布コストはない。

次に、図表3-6では、3回の約定の場合のマーケット・インパクトによる価格の変化のイメージを図示している。分割執行により時刻t_1での最初の約定だけでなく、時刻t_2および時刻t_3でも図表3-5の場合と同じ数量約定したとしよう。この時、時刻t_1での約定のマーケット・インパクト・コスト

図表3-6 マーケット・インパクトによる価格変化②

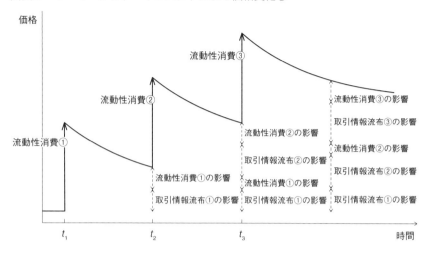

は、図表3-5の場合と同じである。しかし、時刻t_2でのマーケット・インパクト・コストは、時刻t_1でのマーケット・インパクト・コストと同じにはならない。この場合、時刻t_2での約定の流動性消費によるマーケット・インパクト以外に、時刻t_1での約定により生じた流動性消費や取引情報流布による価格への影響が残っている（図表3-6の流動性消費①の影響、取引情報流布①の影響）。したがって、マーケット・インパクト・コストは、時刻t_2での約定のほうが、時刻t_1での約定よりも大きくなる。さらに、時刻t_3の約定では、時刻t_1での約定によるマーケット・インパクトの影響は減っているものの時刻t_2の約定でのマーケット・インパクトの効果が累積されているので、全体としてさらに大きなマーケット・インパクト・コストがかかることになる。

具体的にみてみよう。時刻t_1で売り板が次のような状況であったとしよう。

100株　104円
100株　103円

100株　102円
100株　101円（最良売気配値）

ここで買いの成行注文を300株入れると、101円で100株、102円で100株、103円で100株約定し、最良売気配値が104円になる。これは、市場の流動性を消費し、株価が上昇したことになる。この時のマーケット・インパクト・コストは、取引情報流布コストはなく流動性消費コストのみであり、次のとおりである。

マーケット・インパクト・コスト：

(101円 − 101円)×100 + (102円 − 101円)×100 + (103円 − 101円)×100 = 300円

である。

この後、しばらくして時刻 t_2 で最良売気配値が102円まで戻り、売り板が次のようであったとしよう。

100株　105円
100株　104円
100株　103円
100株　102円（最良売気配値）

ここで、追加の買いの成行注文を300株入れると、102円、103円、104円でそれぞれ100株約定する。この時のマーケット・インパクト・コストは時刻 t_1 での最初の約定価格である101円から測られるので、

マーケット・インパクト・コスト：

(102円 − 101円)×100 + (103円 − 101円)×100 + (104円 − 101円)×100 = 600円

である。この600円のうちの300円は、この注文による流動性消費コストで、時刻 t_2 での最良気配値から測られて、

時刻 t_2 での注文の流動性消費コスト：

(102円 − 102円)×100 + (103円 − 102円)×100 + (104円 − 102円)×100 = 300円

となる。残りの300円は、時刻t_1での最初の約定価格である101円が最初の注文による流動性消費や取引情報流布の影響により、時刻t_2では102円になっていたことからきており、

　時刻t_1での注文の時刻t_2での注文への影響によるマーケット・インパクト・コスト：

　　（102円 − 101円）× 100 ＋ （102円 − 101円）× 100 ＋ （102円 − 101円）× 100 ＝ 300円

となる。

　なお、マーケット・インパクトは、その要因から自己にとって不利な方向に動く。また、一般に、マーケット・インパクト・コストは取引数量が少ないほど小さいが、取引数量が多くなるにつれて大きくなる。また、このコストは事後的に確定するものであるが、アルゴリズム取引運用者は、事前に想定を行い、取引を分割するなどの手段で抑えようとする。

　取引を分割することでマーケット・インパクト・コストを削減する例をみてみよう。ここでは、300株を100株ずつ10分ごとに3回購入することを考える。いま売り板は、

100株　102円
100株　101円（最良売気配値）

となっているとする。購入時に板が変化するものの10分後にはもとの板と同じ状態に戻っているとする。この場合、10分ごとに同じ101円で購入できるので、マーケット・インパクトは各購入時の価格が101円となることから、

　　（101円 − 101円）× 100 ＋ （101円 − 101円）× 100 ＝ 0円

となり、この例でのマーケット・インパクト・コストは0円である。

タイミング・コスト

　タイミング・コストとは、マーケット・インパクト・コストとは異なり、自己の注文以外の要因によって執行中の価格が変動することで発生するコストである。ただし、価格変動の要因としては、マーケット・インパクト以外

のものとする。すなわち、自己の取引による流動性の需要や自己の取引情報の流布による価格変動は含めない。

タイミング・コストは、複数のタイミングで約定する場合や分割執行する場合にのみ認識される。これは、単に、1回の約定のみであれば、約定価格も1つであり、執行中の価格変動はないからである。一方、分割執行を行った場合、最初の執行からすべてを執行し終わるまでに、市場価格が変化することによりタイミング・コストが生じる。

具体的にみてみよう。いま、500株の株式を100株ずつ、10分ごとに購入することを考えよう。ただし、購入する銘柄は流動性が大きく、100株ずつの購入ではマーケット・インパクトは生じないと仮定する。

最初の100株の購入時の売り板の最良売気配値が次のような状況であったとしよう。

30,000株　101円（最良売気配値）

ここに買いの成行注文を100株入れると、101円で約定する。最初の購入10分後から40分後までの10分ごとの売り板の最良売気配は、

10分後　30,000株　102円

20分後　30,000株　103円

30分後　30,000株　99円

40分後　30,000株　101円

であり、それぞれでテイク注文により100株ずつ最良気配値で約定したとする。この時のタイミング・コストは、最初の100株の約定価格が101円なので、

(102円 − 101円) × 100 + (103円 − 101円) × 100

+ (99円 − 101円) × 100 + (101円 − 101円) × 100

= 100円 + 200円 − 200円 + 0円 = 100円

となる。

タイミング・コストは、市場価格が、自分以外の注文の要因で変化することにより生じるものなので、一般に、自己に有利にも不利にもなりうる。こ

のコスト自体は、事後的に確定するものだが、アルゴリズム取引運用者は、事前に想定を行う。分割注文にかかる全体の時間が短いほど、一般にその間の価格変動も小さくなると期待されるので、タイミング・コストの絶対値も小さくなると期待される。しかし、全体の注文時間を短くすると、マーケット・インパクト・コストも大きくなる。つまり、マーケット・インパクト・コストとタイミング・コストはトレードオフの関係にある。なお、マーケット・インパクト・コストとタイミング・コストは価格が動く要因の違いなので、事後的な分析でも明確には区別できない。もちろん、適当な仮定でモデルを構築しての推計は可能である。

機会コスト

　機会コストとは、取引が最終的に執行できなかった場合に発生するコストのことである。たとえば、市場の流動性が低いとか、価格が想定外の方向に遷移したことにより、取引が執行されないことがある。機会コストは、未約定の数量が、仮に売買意思決定時後の最初の自己の注文の約定価格で売買できた場合とコスト評価時の価格で売買できた場合の売買金額の差である。

　具体的にみてみよう。たとえば、売買意思決定時の価格が101円のとき、10分ごとに100株ずつ合計500株の買いの指値注文を出すことを考えよう。いま、最初の購入は101円で約定し10分後から40分後までに10分ごとに入れた101円で100株の指値注文は、いずれも約定しなかった。この時点での最良売気配は、

　40分後　103円

だとすると、この時点での機会コストは、

　　(103円 − 101円) × 100 + (103円 − 101円) × 100

　　+ (103円 − 101円) × 100 + (103円 − 101円) × 100

　　= 200円 + 200円 + 200円 + 200円 = 800円

となる。このコストは、事後的に確定する。

図表3-7　コストのまとめ

大分類	中分類	小分類	項　目	備　考
取引コスト	付随費用	手数料	売買手数料	取引所への支払
			フィー	取引所への支払 メイカー・テイカー手数料モデルなどの採用時
			委託手数料	証券会社への支払
			口座維持管理手数料	証券会社への支払
		信用取引関係諸費用	金利、貸株料、品貸料、名義書替料、事務管理費	
		税金		
		内部費用	自己の取引事務・取引管理の費用	
			システム開発費・運用費	
	潜在コスト	遅延コスト		
		マーケット・インパクト・コスト	流動性消費コスト	短期的影響
			取引情報流布コスト	長期的影響
		タイミング・コスト		
		機会コスト		

コストのまとめ

それぞれのコストをまとめると、図表3-7のようになる。なお、潜在コストと付随費用をあわせて、取引コストという。また、取引コストは、執行コストと呼ばれる場合もある。

3-2-3　リスク

取引のリスクには、マーケット・リスク、信用リスク、オペレーショナル・リスクの他に、未約定リスクやタイミング・リスクなどがある。

マーケット・リスク

マーケット・リスクとは、ポジションをもっている間に価格が変化することにより、当初想定した価格で約定できないことや保持している金融商品の価値が下がり損失を被るなどのリスクである。

マーケット・リスクの解消は、ポジションをクローズして損益を確定させるか、ヘッジ取引を行うことにより行われる。なお、マーケット・リスクは、在庫リスクとも呼ばれる。

信用リスク

信用リスクとは、取引参加者等の信用状況が変化することにより決済が想定どおり行われないなどのリスクである。清算制度がある場合、これらのリスクは小さくなるものの、決済の滞りや遅延が発生することまでは防げない。

オペレーショナル・リスク

オペレーショナル・リスクとは、内部の業務プロセスや外的な要因によって発生するリスクである。

内部の業務プロセスに起因するリスクには、業務ミス、自社システムの不具合、現場での不正行為のリスクや誤発注などのミスによる損失発生のリスクなどがある。外的な要因に起因するリスクには、取引所、取引参加者、投資家等のシステムやネットワークの障害による情報、注文、執行等の遅延や不履行などの結果、想定外の損失を被るおそれなどが含まれる。

未約定リスク

未約定リスクとは、希望する取引が希望する時刻までに約定しないリスクである。別の言い方をすると、執行に要する時間が不確実であることに伴うリスクである。

たとえば、メイクの指値注文では、執行価格は保証されるが、執行される

保証はない。一方、成行注文やテイクの指値注文では、執行価格が保証されないかわりに、未約定リスクは非常に小さくなる。つまり、注文価格と未約定リスクの間には、トレードオフの関係が存在する。指値注文で未約定リスクをより抑えるには、最良気配値や最良気配値より悪い価格に注文を出せばよいが、その分悪い価格で約定することになりコストを支払うことになる。

タイミング・リスク

タイミング・リスクとは、執行前および執行中にタイミング・コストが未確定であるリスクである。

タイミング・リスクは、分割執行を行おうとするときに生じるリスクである。市場価格の変動に起因するため、マーケット・リスクに近い概念であるが、ポジションをとっている最中に発生する点が異なる。

COLUMN ❶

逆選択と逆選択リスク

逆選択とは、情報の非対称性があると、良いものが選抜され悪いものが淘汰されるという、通常期待されることが起こらず、逆に悪いものが生き残ることをいう。仮に、市場価格に織り込まれていない情報をもち、今後の価格の動きの方向性を予測できる投資家がいるとしよう。その投資家は、価格が今後上昇する見込みなら買い、価格が下落する見込みなら売りの取引を行うであろう。この時、取引の相手となるマーケット・メイカーは自己に不利な取引を行うことになり、含み損を抱えることになる。一方、マーケット・メイカーがそのような情報を保持した投資家の存在を過度に警戒すると、自己の提示価格のスプレッドを過度に広げることになる。そうすると、売買がなかなか成立しなくなっていくだろう。このように、情報の非対称性がなければマーケット・メイカーが過度にスプレッドを広げることもなく行われていたはずの取引が、情報の非対称性があることで行われなくなり、逆選択の状況となってしまう。

マーケット・メイカーは、逆選択リスクにさらされている。逆選択リスク

とは、市場価格に織り込まれていない情報をもち今後の価格の動きの方向性を予測できる投資家が、マーケット・メイカーと取引することで、マーケット・メイカーが損失を被るリスクをいう。マーケット・メイカーは、売買注文量の価格の方向性の偏りやニュース等の情報をいち早く分析し価格変化の方向を予測し、高頻度に注文を変更することで逆選択リスクを減らしている。

3-3 流動性

　証券の市場取引において、「流動性がある」とは、一般に、短時間でより多くの取引を大きな取引コストを伴わずに何度も執行可能な状態をいう。流動性は、相対的な概念ではあるが、ある程度定量的に定義も行われ、計測もされている。流動性の定量化はスプレッド（市場の売買価格差）、デプス（市場の厚み）、およびレジリエンシー（市場の回復力）という3つの軸で表現されることが多い。

　1つ目のスプレッドは、図表3-8にあるように、最良売気配値と最良買気配値の差であり、その値が小さいほどスプレッド費用が小さく、流動性は高いといえる。

　2つ目のデプスは、図表3-8に図示したように、最良売気配値や最良買気配値付近にどれだけ多くの注文があるかを意味する指標である。デプスが大きいほど、市場価格に影響を与えずに一度により大量の取引ができることになるので、流動性は高いといえる。最良気配値の数量が最も重要であるが、呼値の単位分の追加コストを受容すれば、最良気配値に近い価格の注文数量も流動性に寄与しているといえる。

　最後のレジリエンシーは、図表3-9に示したように、取引によって変動した価格が変動前の価格などなんらかの適正な水準に戻るときの速さあるい

図表3−8　流動性指標①

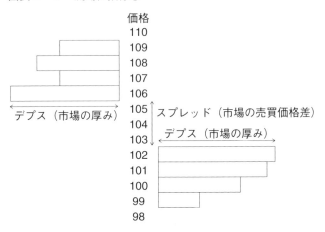

図表3−9　流動性指標②

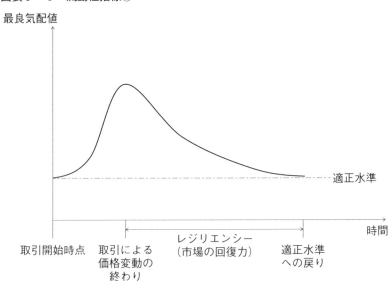

は時間のことである。この速さが速いほど、繰り返し取引が可能となり、流動性が高いといえる。

　スプレッドとデプスは、板情報から事前に測定できるが、レジリエンシーは事後的にしかわからない。

第 4 章

アルゴリズム取引概論

本章では、アルゴリズム取引について、さまざまな面から概観する。最初に、アルゴリズム取引の目的を整理する。次に、アルゴリズム戦略を5つに大分類し、それぞれの戦略の大まかな内容を説明する。そして、アルゴリズム取引の利用形態を整理し、アルゴリズム取引エンジンの内部構成の例を具体的にみていく。最後にアルゴリズムの構築方法をまとめる。

4-1　アルゴリズム取引の目的

アルゴリズム取引の目的は、おおむね、リターン追求、コスト削減、リスク削減に分類できる。ほかに、これらの目的を追求していくときの補助手段として、アルゴリズム取引が用いられる場合がある。本節では、これらの目的をみていく。

4-1-1　リターン追求

リターンの追求として、収益機会の発見と収益の獲得、スプレッド収益の獲得について説明する。

収益機会の発見と収益の獲得

収益機会の発見とは、アルゴリズムがマーケット情報やニュースやイベント等の情報をモニターしながら、取引をすることで収益をあげる可能性の高い市場の状態を発見することである。

収益の獲得とは、発見した収益機会の獲得可能性や獲得に伴うコストおよびリスクを判断し適切なタイミングで注文を入れ、含み益が十分と判断した場合に反対売買を行うことである。また、含み損やマーケット・リスクが大きいと判断した場合に反対売買やヘッジ取引などを行うことも含む。

ディレクショナル・アルゴリズムや裁定アルゴリズムがこれを目的として

いる。

スプレッド収益の獲得

3-1-2で説明したように、市場に流動性を供給する対価として、スプレッド収益を獲得することができる。マーケット・メイキング・アルゴリズムは、スプレッド収益の獲得が目的である。

リベートの獲得

取引所からのリベートがある場合は、その獲得を目的とすることがある。たとえば、呼値駆動型市場やハイブリッド型市場におけるマーケット・メイカーや、メイカー・テイカー手数料モデルを採用している市場におけるマーケット・メイキング・アルゴリズムは、リベートの獲得も目的としている。

4-1-2 コスト削減

潜在コストを削減する目的と、取引執行事務の自動化、マーケット・メイク業務の自動化、複数資産の同時執行、最適注文先選択といった人手で行うには手間のかかる業務の自動化によるコスト削減について説明する。

潜在コストの削減

マーケット・インパクト・コスト、タイミング・コスト、機会コストを削減する目的で、執行タイミングや執行数量を調整するアルゴリズム取引が行われている。執行タイミングや執行数量の調整を過去の市場データを用いて静的に行うものだけでなく、市場の刻一刻と変わる情報をモニターしながら動的に行うものもある。ほかに、コストを最小化するものや自己の取引のVWAPを市場のVWAP等のベンチマークに近づけるものなどがある。

取引執行事務の自動化

証券会社では、投資家からの委託注文の執行や自己のポジションのヘッジ

を、マーケット情報をモニターしながら行っている。取引執行事務を自動化したアルゴリズム取引を用いることで、こうした執行やヘッジに係る事務が自動化・精緻化できる。このため、少ないトレーダーがより多くの銘柄を取り扱うことができるようになるなど自社内部のコスト削減につながる。

マーケット・メイク業務の自動化
マーケット・メイカーは、売買価格を提示し取引の相手方となる役割を果たしている。このマーケット・メイクをアルゴリズムを用いて行うことで、かつて、人が行っていた売買価格の提示、自己のポジション管理やリスク管理などの内部コストを削減している。

複数資産の同時執行
バスケット取引やペア取引等の複数の銘柄を同時に執行する取引や裁定取引で複数の商品にまたがって取引する場合、同時に行う執行数が多いと、人手で行うことは困難である。また、たとえできたとしても、大きな遅延コストが発生するうえ人件費等の内部コストもばかにならない。アルゴリズム取引を活用することで、実行可能性を高め、遅延コストの発生を抑えることができるようになる。

最適な注文先の選択
市場が複数存在した場合、証券会社は最良執行義務に従い、価格やリベート、流動性、約定率などがより有利な市場に注文を出す場合がある。なお、最適注文先選択は、マーケット・インパクト・コストや機会コストの削減だけでなく、価格やリベートなどのリターンの追求にも利用される。

4-1-3 リスクのコントロールと削減

マーケット・リスクという市場の不確実性に伴うリスクだけでなく、不正行為の防止や発注ミスの回避といった、一部のオペレーショナル・リスクの

回避について説明する。

マーケット・リスクのコントロールと削減

取引の在庫を抱えると、マーケット・リスクが発生する。そのリスクを削減しコントロールするためのヘッジ取引や、リスク許容度の制限に抵触した場合に在庫の解消を行うことでリスクを削減するためにもアルゴリズム取引が利用される。

不正行為の防止

経営層からみた場合、現場での不正行為の可能性は大きなリスクである。アルゴリズム取引はこれを防止する手段となる。アルゴリズム取引は、不正な取引を行わないアルゴリズムであることを経営層などが十分確認のうえで用いれば、現場での不正行為を排除できる。

発注ミスの回避

人が行うことにより生じる発注ミスなどのリスクの回避手段としてアルゴリズム取引が用いられることもある。

4-1-4 補助手段

リターンの追求、コスト削減、リスク削減の効果を高めるための補助的な手段をまとめる。

取引速度の向上

取引速度とは、売買においてマーケット情報、ニュース情報、イベント情報などを取得してから実際に市場で注文が執行されるまでの時間のことである。収益機会の獲得や遅延コストの削減等、取引速度を向上させることにより得られる恩恵は多い。売買速度を向上させるためには、必然的にコンピューターによるアルゴリズム取引を用いることになる。

取引頻度の向上

1回の取引の収益が少額でも、取引頻度を向上させることで、合計の収益額を増やすことが可能になってくる。取引頻度を向上させるためには、取引速度の向上と同様に、必然的に機械によるアルゴリズム取引となる。

自己に有利な状況への誘導

アルゴリズム取引を用いて、自己に有利な状況や他者に不利な状況をつくりだすことも考えられる。こういったことは、一般に違法な要素を含みうるので、公然とは行えないが、目的や存在の否定はできない。

4-2 アルゴリズム取引戦略の大分類

本書では、取引の目的およびそれを実現する具体的な手順によって、アルゴリズム取引を区別し、区別された個々のアルゴリズム取引のことをアルゴリズム取引戦略と呼ぶ。たとえば、アイスバーグ（5-1-5参照）はアルゴリズム取引戦略のひとつである。また本書では、個々のアルゴリズム取引戦略を、執行アルゴリズム、ベンチマーク執行アルゴリズム、マーケット・メイキング・アルゴリズム、裁定アルゴリズム、ディレクショナル・アルゴリズム、市場操作系アルゴリズムに分類する。ここでは、これらの取引アルゴリズムの概要を述べる。

4-2-1 執行アルゴリズム

執行アルゴリズムとは、投資家が市場に注文を出す際に、注文の細かい分割や注文タイミングの調整、最適な注文市場の選択などを行うアルゴリズムである。このアルゴリズムを利用することで、執行のリスクやコストを削減することができる。

たとえば、未約定リスクをある程度許容しながら可能な範囲で取引コストを抑えるものや、自らの執行を他の投資家から隠し、マーケット・インパクト・コストの発生を抑えるものもある。これらの執行アルゴリズムは、素朴な成行注文や指値注文の改善とみることもできる。そのほか、執行アルゴリズムには、板の先頭に並ぶためのものや、市場のルールを遵守する仕組みを取り込んだもの、バスケット取引の執行など定型的な執行の手続を自動化したものなどもある。

　これら執行アルゴリズムは、単独でも用いられるが、裁定アルゴリズム、ディレクショナル・アルゴリズム、ベンチマーク執行アルゴリズム等と組み合わせて発注時に用いられることも多い。

　なお、ベンチマーク執行アルゴリズムも取引コストの削減が目的であるが、執行アルゴリズムはベンチマーク執行アルゴリズムに比べて総じて、より細かくコントロールされ、より短いタイムスケールで用いられる。

4-2-2　ベンチマーク執行アルゴリズム

定　義

　ベンチマーク執行アルゴリズムとは、自己の執行結果をなんらかのベンチマークに近づけるアルゴリズムである。自己の執行結果には自己の全注文のVWAP、ベンチマークには終値や市場のVWAPなど市場全体の目安となる価格が採用されることが多い。

目　的

　ベンチマーク執行アルゴリズムは、特に大きな数量の注文を執行する際に利用される。大口注文を何の工夫もなしに1回で全数量発注すると、その時点の市場の流動性を一気に消費し、約定価格は最良気配値よりもかなり悪くなり大きな流動性消費コストが発生する。また、取引が成立せず、想定した数量を執行できない未約定リスクもある。数量が大きくなるほどこれらのコストやリスクが大きくなるため、一度に全数量を発注せず、複数時点に数量

を分割して発注する戦略を検討したほうがよいことがわかる。ベンチマーク執行アルゴリズムは、この分割の方法、すなわち、どれだけの数量を、どのタイミングで発注すべきかを規定するアルゴリズムである。

分　類

　何をベンチマークとするかとその実現方法によって、TWAPやVWAPなど、いくつかの戦略に分類される。ベンチマークには、市場のVWAPや終値、売買意思決定時の市場価格などの市場を代表する値がよく用いられるが、ベンチマークが同じでも、その実現方法によって異なる戦略がある場合がある。

　たとえば、VWAPをベンチマークとしたものでも、ベンチマークに近づけるための分割数量および注文タイミングを執行前にあらかじめ決定しておく戦略もあれば、執行中にリアルタイムの市場状況をモニターしながら調整する戦略もある。さらに、積極的にベンチマークより良いパフォーマンスを実現させようとするものや、ベンチマークより大きく悪くなるリスクを下げるなどの仕組みを取り入れたものもある。

分割執行の影響

　ベンチマークを達成するための具体的な方針は個々のベンチマーク執行アルゴリズムによって異なるが、いずれにしても考慮しなければならないのが、分割発注することに起因するコストやリスクである。複数回発注する場合、自己の発注が他の参加者の行動を誘発し、その結果が次回以降の自己の発注に影響を及ぼすことがある。第一に、自分の注文が誘引した取引情報流布コストを受ける可能性がある。第二に、分割発注のスケジュールを他の参加者に予測されて利用される可能性がある。

　第一の取引情報流布コストを抑制するためには、少量ずつ発注して他の参加者への影響を最小限にとどめる、自らの発注の影響が十分なくなるまで時間間隔をあけてから次の発注をする、市場に影響しにくいタイミングをねら

って発注するなどなんらかの方針をとることになる。

　第二の、分割発注のスケジュールを他の参加者に予測されるリスクも回避しなければならない。たとえば、常に同じ数量を等時間間隔に注文するような分割発注を行った場合、他の参加者に発注スケジュールを見透かされ、発注タイミングにあわせて価格を動かされるかもしれない。何度も発注することが前提のベンチマーク執行アルゴリズムでは、場合によってはこのような影響にも留意し、あまりに規則的すぎる分割発注はしないなどの対策を講じる必要がある。

未約定リスク

　ベンチマーク執行アルゴリズムは、基本的に特定の数量を売買したいときに採用されるものであるが、必ずしも取引したい数量をすべて執行しきることを優先しない場合もある。分割発注のスケジュールをリアルタイムの市場状況に応じて動的に変更するような場合、取引実行時の市場状況が想定から大きく乖離すると、発注すべき基準に見合うタイミングが十分に訪れず、取引したい数量を執行しきれない可能性がある。

　このようなアルゴリズムを採用する際は、機会に恵まれない場合は未約定数量が残ることを許容するのか、あるいは執行しきることを優先して発注すべき基準を変更するのかを事前に定めておく必要がある。

執行時間と取引コストの関係

　ベンチマーク執行アルゴリズムのタイムスケールは、単にマーケット・インパクト・コストの削減が目的であるならば、なるべく長期間かけて少ない数量ずつ発注するほうがよい。しかし、執行にかける時間が長くなるほど価格が変動するリスクは増大し、また、現実には取引にかけることのできる時間に制約がある。したがって、ベンチマーク執行アルゴリズムは、定められたタイムスケール内でリスクとのバランスをとりながら、取引コストを最小化する発注方法を探ることになる。

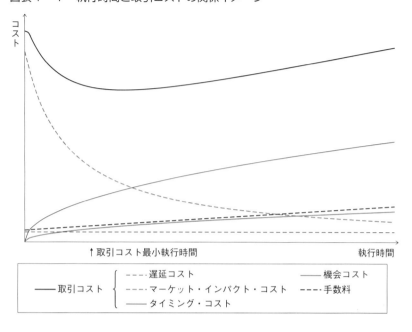

図表4−1 執行時間と取引コストの関係イメージ

　図表4−1に、執行時間と取引コストの関係のイメージを図示した。潜在取引コストは、執行時間を短くするとマーケット・インパクト・コストの影響で大きくなり、執行時間を長くすると主にタイミング・コストの影響で大きくなる。そして、両者の間に取引コストを最小にする執行時間がある。

4-2-3　マーケット・メイキング・アルゴリズム

　マーケット・メイキング・アルゴリズムとは、市場の仲値より自己に有利な価格で売り買い両方にメイク注文を行い、売買の相手を待つ戦略である。

　この仲値と提示価格との差が、マーケット・メイキング・アルゴリズムのねらう収益源である。

　メイカー・テイカー手数料モデルが導入されている市場においては、メイカー・リベートもマーケット・メイカーの収益となる。そのような市場では

メイカー・リベートの収益が確保されているので、その分スプレッドによる収益を犠牲にし、スプレッドを縮小していく傾向にある。

マーケット・メイカーの売買の相手となる投資家は、自己に多少不利な価格でも、売買を実行したいために売買の相手方となる。このことは、マーケット・メイカーは流動性を提供する対価としてスプレッド収益を獲得し、投資家は流動性を消費する対価としてスプレッド費用を支払ったということができる。

この戦略は、市場にメイク注文を出すことから、結果として市場に流動性を提供するもので、受動的マーケット・メイキングとも呼ばれる。一般に、マーケットの方向の予測を行うことはせず、主にスプレッドと数量をコントロールすることにより、リスク許容度に応じたリスクとリターンのバランスをとることが基本である。

市場価格は、刻一刻と変化していくため、マーケット・メイカーは、市場の全体の動きや板の動きにあわせて、スプレッドの広さや数量を細かくコントロールし、新規注文、変更、取消を繰り返す必要がある。そして、この自己の注文の修正は、高頻度かつ高速で行うことが断然有利である。

マーケット・メイカーは、指値注文を行うため未約定リスクを抱えている。マーケット・メイカーの出す価格が悪いと、市場の投資家にとっての魅力がなくなり、なかなか約定しなくなる。そこで、マーケット・メイカーはスプレッドのコントロールや、同じ価格でも板の先頭に注文を並べるなど未約定リスクを低減する工夫を絶えず行っている。

マーケット・メイカーは、マーケット・リスクにもさらされる。売り買い同数の注文が同時に同数量約定すれば、スプレッド分収益を得ることができるが、一般には、そのように都合よく同時には起こらない。多くの場合、マーケット・メイカーは、一時的にポジションを抱えることになり、マーケットが都合の悪い方向へ動けば損失を被る。そのため、マーケット・メイカーは、売買により生じた在庫をうまく解消し、最初に得たスプレッド収益を確保できるよう注文をコントロールしようとする。具体的には、マーケッ

ト・メイカーは、自己の評価損益やリスク量を常に把握し、ポジションがうまく解消されるようにスプレッドを調整し、マーケット・リスクが自身のリスク許容水準より大きくなると、テイク注文で解消する場合や先物等でヘッジする場合もある。

4-2-4 裁定アルゴリズム

定　義

裁定アルゴリズムは、裁定取引を収益源とするアルゴリズムである。ここで、裁定取引とは、まったく同一の証券など同一の価値をもつ商品の間に同一時点で価格差が生じたときに、この価格差が今後解消することを見越して高いほうを売り安いほうを買うという取引を行い、価格差の解消後に反対売買を行うことで利益をあげる取引である。同一の価値をもつ商品の売りと買いの取引を同時に行うので、マーケット・リスクを抑えながら利益を獲得できる。

裁定機会

同一の価値をもつ商品の間に同一時点で価格差が生じた状態を裁定機会があるといい、この価格差のことをゆがみともいう。具体的には、ゆがみが生じた場合、割高なほうを売り、割安なほうを買う。この取引を、本書では、裁定取引（エントリー）ということにする。また、裁定取引（エントリー）の反対売買を裁定取引（イグジット）ということにする。

裁定取引の期待する市場のゆがみにもいろいろなレベルがあり、まったく同一の証券に異なる価格がつくような明白なゆがみや、現物、先物、オプション間で成立すると考えられる理論的な価格の関係からの乖離、また観察されたデータから認められる統計的な関係からの乖離などもある。

裁定アルゴリズムのリターンは、理想的には同一の価値をもつと考えられる商品の間の価格差である。しかし、価値の同一性が近似的にしか成り立たない場合やゆがみが解消されない場合は、リターンはその分少なくなる。も

ちろん、裁定取引（エントリー）とその反対売買における取引コストもかかる。

プロセス

裁定取引により収益を得るには、一般に、①裁定機会の発見、②裁定取引（エントリー）の完了、③ゆがみの解消または縮小、④裁定取引（イグジット）の完了の4つが必要となる。

1つ目の裁定機会の発見は、スピード勝負であり、基本的には、早く見つけたものの勝ちである。単純で明白な裁定機会であればあるほど、スピード競争が激しい。2つ目の裁定取引（エントリー）では、流動性の程度しか取引ができない。また、スピード重視でテイク注文により裁定取引（エントリー）を行う場合は、スプレッド費用の支払についても考慮しておく必要がある。ほかにも、裁定取引は少なくとも2つの商品のポジションをとる必要があるが、片方のポジションしかとれず、もう片方は未約定になるリスクがある。片方が未約定のままであると、マーケット・リスクを抱えることになってしまうことになり、テイク注文などによりすみやかに収益化する必要がある。3つ目のゆがみの解消または縮小は、せっかく裁定取引（エントリー）を行っても、ゆがみが解消してくれないと収益は得られない。最後に、④裁定取引（イグジット）にも、一般には流動性が必要である。

リスク

裁定アルゴリズムでは、裁定取引（エントリー）を行うときと解消するときに未約定リスクがある。たとえば、裁定機会を発見後、テイク注文を発注したとしても、他の取引参加者に先にとられてしまうことで、自身の発注数量どおりに約定しないリスクである。

また、裁定取引（エントリー）が完了すればマーケット・リスクは非常に小さくなるが、片側の取引のみに終わると大きなマーケット・リスクを被ることになる。片側の取引のみとなるリスクを減じるために、流動性の低い銘

柄など難しい取引から先に行う場合もあるが、裁定取引（エントリー）の完了に時間がかかるため、他の投資家に先に裁定機会をとられてしまうリスクは高まる。

スピード

裁定アルゴリズムでは、確実にゆがみが解消すると多くの投資家が考える場合には、スピード勝負となる。これは、裁定取引（エントリー）は基本的にはゆがみを解消する方向に働くため、最初に裁定取引（エントリー）を完了した投資家がより多くの収益をあげることになるからである。一方、統計的裁定アルゴリズムがねらう統計的な分析による裁定機会の場合は、裁定機会の発見できる投資家は限られることから、求められるスピードは必ずしも速いわけではない。また、厳密な裁定と比べるとゆがみの解消する確度は小さい。

現在では、明白な裁定機会が生じたときに人間の反応速度で対応することは、非常に難しい。これはテクノロジーの発展に伴って売買スピードが格段に上昇したことや、人間が裁定機会を認識するより速くコンピューターが裁定機会を見つけ、それを即座に解消してしまうことに起因する。つまり、裁定機会を獲得するためには、他の投資家よりも優位な取引の高速性が不可欠である。実際、現在の市場で明白で単純な裁定機会を獲得している投資家は、HFTによるアルゴリズム取引を行っている。

その他

なお、レイテンシー裁定と呼ばれる戦略もあるが、裁定アルゴリズム取引には含めない。レイテンシー裁定は、同じ銘柄でも、ある市場の価格の変動が他の市場の価格に影響を与えるよりも早く取引をする手法である。これは、同一の価値をもつ商品の間の同一時点での価格差を利用したものではないので、裁定取引ではない。レイテンシー裁定については、6－4－4で説明する。

4-2-5 ディレクショナル・アルゴリズム

ディレクショナル・アルゴリズムとは、株価の値上りや値下りといったマーケットの方向性を予測し、その予測に基づき売買を行い、売買価格差収益をねらう戦略である。予測に用いる情報は、価格や出来高等の市場データ、ニュース等のイベント情報である。

マーケットを確実に予測することは一般にはできないため、この戦略は絶えずマーケット・リスクにさらされる。マーケットの予測が当たれば収益を獲得できるが、外れた場合には損失も大きくなる可能性がある。そのため、この戦略は、他の戦略と比べてハイリスク・ハイリターンとなる。

マーケットの予測は必ずできるというわけではないが、その戦略での取引を長期間にわたって繰り返した結果のトータルでの収益が高い確率でプラスであることが求められる。このため、予測が高い確率で当たると考えられる状況を見極めて取引を行うこと、また予測が外れたときやそれが続いたときにも市場から退場しない経済力や損失を抑えるリスク管理能力をもつことが必要である。

ディレクショナル・アルゴリズムは、予測対象、使用データ、予測手法、予測のタイムスケール、リスク管理方法、取引数量、取引タイミングなどがさまざまで、非常に自由度が高い。具体的戦略は、調達資金やアクセス可能なデータ、リスク許容度などの制約条件や、価格に対する想定、リターン目標などから投資家が決定することになる。

4-2-6 市場操作系アルゴリズム

市場操作系アルゴリズムとは、自己に有利な状況をつくるために、他の取引参加者に市場の状況についてなんらかの誤認を与えることなどを目的とするアルゴリズムである。

たとえば、自ら提供する流動性や売買意思を市場に誤認させるように発注するなど、相場を自分に有利な方向へ動かすアルゴリズムがある。自分に有

利な方向へ動かすことで、大きな売買価格差による収益を獲得する、大量の流動性を呼び込み取引コストを抑える、などに利用される。ほかにも、大量の注文と取消を繰り返して他の参加者の執行を遅延させる、執行をできなくするといったものもある（詳しくは5-6参照）。

なお、市場操作系アルゴリズムには、違法なものやグレーなものも含まれるが、本書では、違法性の観点には立ち入らない。また、ここで用いた市場操作系戦略という名称は便宜上のものであり、必ずしも広く用いられているものではない。

4-3　アルゴリズム取引の利用形態

アルゴリズム取引の利用者、注文ルート、注文ルートにおけるアルゴリズム取引エンジンの配置、アルゴリズム取引エンジンの入出力、アルゴリズム取引エンジンの内部構成についてまとめる。

4-3-1　アルゴリズム取引の利用者

アルゴリズム取引の利用者は、機関投資家、プロップ・ファーム、証券会社の自己売買部門、証券会社のブローキング業務部門、個人投資家に分けられる。

機関投資家とは、顧客から拠出された資金を運用・管理する法人で、ヘッジファンドのように高い運用利益を目指すものからインデックス運用を主体とした投資内容の説明性に重きを置くものまでさまざまである。プロップ・ファームは、自己の資金を運用し高い運用利益を目指す。証券会社の自己売買部門は、証券会社自らの資金を用いてマーケットから利益を獲得する目的で売買している。証券会社のブローキング業務部門は、他からの注文を受けて、あらかじめ規定した最良執行方針と顧客の要望に基づき市場への注文を

図表4-2 アルゴリズム取引の利用者

利用者	主な目的	主な利用アルゴリズム
機関投資家	自己の利益追求 インディックス運用 その他	執行 ベンチマーク執行 マーケット・メイキング 裁定 ディレクショナル
プロップ・ファーム 証券会社（自己売買）	自己の利益追求	執行 ベンチマーク執行 マーケット・メイキング 裁定 ディレクショナル
証券会社（ブローキング業務）	最良執行義務	執行 ベンチマーク執行
個人投資家	自己の利益追求	執行 ディレクショナル 裁定

取り次ぐ。最後に、個人投資家は、基本的にはマーケットに対峙し利益の獲得を目指す。以上をまとめると、図表4-2のようになる。

4-3-2 アルゴリズム取引の注文ルート

アルゴリズム取引の注文ルートは、運用者や用いるアルゴリズムにより異なる。

機関投資家やプロップ・ファームは、最も多様な注文ルートを利用する。運用スタイルに応じて、市場のコロケーション（2-6-3参照）やプロキシミティ（2-6-2参照）の利用、証券会社のDMA（2-6-1参照）やネイキッド・アクセス（2-8-5参照）、証券会社への委託注文などを使い分ける。また取引所の直接参加者の資格をもち、取引所に直接売買する場合もある。PTSやダークプールも当たり前のように利用する。自己の収益を

目指す場合は、可能な限り自らコントロールしようとするので、取引所のコロケーション・サービス等を利用して、市場に近い位置で直接アルゴリズムを動かすことも行う。また、コロケーション・サービスを利用しない場合でも、証券会社のDMAサービス等を利用する。もちろん、証券会社に注文を委託する場合もあるが、スピードの重要性がさほど大きくないアルゴリズムに限られる。たとえば、ベンチマーク執行アルゴリズムは、他のアルゴリズムに比べれば、スピードは要求されない。そのため、証券会社のサービスとしてある執行アルゴリズムやベンチマーク執行アルゴリズムを利用することも多い。

証券会社の自己売買部門は、自己の収益を目指す。取引所の直接参加者である場合は、他の運用者に比べて最も有利な立場にある。直接参加者でない場合は、他の証券会社に委託する必要がある。取引所のコロケーション・サービスやPTSやダークプールも利用する。

次に、証券会社の受託注文は、あらかじめ定めた最良執行方針にかなえばよいので、市場への注文スピードを削減する仕組みを利用することはあまりない。

最後に個人投資家の場合は、ディレクショナル・アルゴリズムが主であるが、個人でコロケーション・サービスを利用することは、現状、コスト的にもあまり現実的ではなく、証券会社に委託する注文がほとんどである。したがって、個人投資家はコロケーション・サービスを利用したHFT等にはスピードで立ち向かうすべはない。

4-3-3 アルゴリズム取引エンジンの配置

本書では、アルゴリズム取引を行うコンピューターシステムの一部で、売買銘柄、売買数量、売買タイミング、売買市場等を決定するロジックが組み込まれたモジュールを、アルゴリズム取引エンジンと呼ぶ。アルゴリズムを実行するうえでの事前分析機能などを保持する場合もある。

アルゴリズム取引エンジンの配置は、アルゴリズム取引の注文ルートによ

図表 4 − 3 アルゴリズム取引エンジンの配置

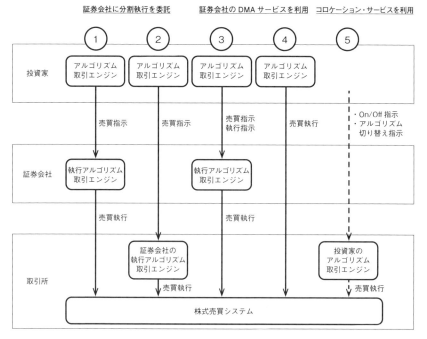

① 投資家のアルゴリズム取引エンジンの売買指示に基づき、証券会社が執行アルゴリズム取引エンジンを用いて売買を執行するケース
② ①において、証券会社の執行アルゴリズム取引エンジンがコロケーションエリアに配置されているケース
③ 証券会社の DMA サービスを用いて、投資家が証券会社の執行アルゴリズム取引エンジンを直接利用するケース
④ 証券会社の DMA サービスを用いて、投資家のアルゴリズム取引エンジンが直接売買を執行するケース
⑤ 投資家のアルゴリズム取引エンジンがコロケーションエリアに配置されているケース

り異なる。ここでは、投資家が証券会社に分割執行を委託するかたちでアルゴリズム取引を行う場合、投資家が証券会社のDMAサービスを利用している場合、投資家がコロケーション・サービスを利用している場合の3つについて、アルゴリズム取引エンジンの配置をみてみよう。

まず、投資家が証券会社に売買を委託するかたちでアルゴリズム取引を行う場合は、図表4−3の①のように、売買する銘柄・数量などの売買指示は投資家と証券会社の双方のアルゴリズム取引エンジンを経由する。例として、投資家がディレクショナル・アルゴリズムで行う場合を考えよう。投資

家のアルゴリズム取引エンジンは、ディレクショナル・アルゴリズムの売買シグナルに基づき、証券会社に大口の売買注文を出す。その注文を受けた証券会社は、自社のベンチマーク執行アルゴリズムを活用して、取引所で売買を分割執行する。このケースでは、投資家は証券会社の執行アルゴリズム取引エンジンを直接制御できないので、市場への注文タイミングを細かく制御することはできない。また、証券会社が売買執行の高速化のために取引所のコロケーション・サービスを利用している場合には、図表4－3の②のように、証券会社のアルゴリズム取引エンジンは取引所の株式売買システムに直接アクセスできる環境に配置される。

次に、投資家が証券会社のDMAサービスを利用している場合を考える。この場合、図表4－3の③のようにネットワーク経由で証券会社の執行アルゴリズムエンジンを直接操作することで売買を執行するか、図表4－3の④のように証券会社の電子取引執行システムを経由して直接市場で売買をすることになる。これらのケースでは、投資家のアルゴリズム取引エンジンまたは投資家の執行業務担当者が、売買執行の細かいタイミングまで制御することも可能になる。なお、証券会社の執行アルゴリズム取引エンジンがコロケーション・サービスを利用している場合でも同様である。

最後に、図表4－3の⑤にあるように、投資家がコロケーション・サービスを利用している場合を考えよう。この場合、投資家のアルゴリズム取引エンジンは、②と同じ環境に配置される。投資家がアルゴリズムのオン・オフの指示などを出したあとは、アルゴリズム取引エンジンが直接市場とやりとりする。このケースでは、情報の授受の過程で生じるレイテンシーがほぼ最小化されているため、〔市場情報の取得→アルゴリズム取引エンジンによる売買判断および執行判断→発注→発注結果の取得〕などの一連のプロセスをきわめて短い時間間隔で繰り返すことができる。したがって、HFTのような高頻度・高速な処理を要求するアルゴリズム取引は、コロケーション・サービスを利用して実施される。

4-3-4 アルゴリズム取引エンジンの入出力

　アルゴリズム取引エンジンの入出力は、取引戦略により細部は異なるものの、大きくは共通のものとなる。これは、アルゴリズム取引エンジンであれば、事前に設定されたアルゴリズムに従い、マーケット情報を利用しながら、自動で市場に売買発注を行うという点は共通だからである。一般に、アルゴリズム取引エンジンの入出力は、図表4－4のようになる。ここでは、この範疇で個々の対象の実態をみてみよう。

エンジン利用者
　エンジン利用者とは、投資家や証券会社などである。場合によっては、別

図表4－4　アルゴリズム取引エンジンの入出力

```
                                    ┌──────────────┐
                                    │ エンジン利用者 │
                                    └──────┬───────┘
                                      戦略指示  売買結果
                                      売買指示  分析結果
                                               ログ
┌──────────────┐
│ヒストリカルデータ│
│・市場データ      │──→
│・ニュース        │
│・イベント        │     ┌──────────────────┐
└──────────────┘     │アルゴリズム取引エンジン│
┌──────────────┐     └──────────────────┘
│リアルタイムデータ│──→        ↑    ↓
│・市場データ      │        注文結果  注文
│・ニュース        │        板情報    ・発注オプション
│・イベント        │                  ・銘柄
└──────────────┘                  ・価格
                                      ・数量
                                      ・新規／変更／取消し
                                    ┌──────────────┐
                                    │     市　場     │
                                    └──────────────┘
```

第4章　アルゴリズム取引概論　87

のアルゴリズム取引エンジンが利用者となる場合もある。

市　　場
アルゴリズム取引エンジンは、注文先である市場とつながっている。

ヒストリカルデータ
ヒストリカルデータとは、過去の市場データ、過去のニュースやイベントといった情報である。これらのデータは、アルゴリズム取引戦略に含まれるパラメータの決定やアルゴリズムの有効性のテストに用いられる。

リアルタイムデータ
リアルタイムデータとは、アルゴリズム取引エンジン稼働中に刻一刻と変化する市場データ、ニュースやイベントといった情報である。

アルゴリズム取引エンジン
本書では、アルゴリズム取引を行うコンピューターシステムの一部で、売買銘柄、売買数量、売買タイミング、売買市場などを決定するロジックが組み込まれたモジュールを、アルゴリズム取引エンジンと呼ぶ。アルゴリズム取引エンジンは、各瞬間の情報に基づき瞬時にどの市場にどの銘柄をどれだけ注文するかを判断し発注する。その際、一般には収益機会の発見や取引コストの見込みの算出やリスク量の計算を行い、どの商品にどのタイミングでどれだけ注文するのかを判断する。また、発注の結果を取り込み、次の注文に反映する。

アルゴリズム取引エンジンの入力
アルゴリズム取引エンジンの入力は、エンジン利用者からは、戦略指示や売買指示、マーケット情報である。戦略指示には、アルゴリズムの細かなパラメータも含まれる。また、市場からの入力は、自己の注文の結果や板情報

である。板情報を通じて、市場の価格や流動性などを把握する。

アルゴリズム取引エンジンの出力

アルゴリズム取引エンジンの出力は、市場へは、注文情報となる。具体的には、オーダー・タイプ、銘柄、価格、数量などである。オーダー・タイプによっては、細かなパラメータも指定する。また、エンジン利用者への出力は、売買結果のレポートである。注文や売買の結果だけでなくアルゴリズムのパフォーマンス分析の結果も含まれる。

4-3-5 アルゴリズム取引エンジンの内部構成

本項では、アルゴリズム取引エンジンの内部構成について、概念的なレベルで説明する。

アルゴリズム取引エンジンは、一般に複数の機能の集合体として構成されている。これらの機能は、執行の機能などのようにどのアルゴリズム取引エンジンでも利用される機能から、特定のアルゴリズムでのみ利用されるものまでさまざまである。ここでは、多くのアルゴリズム取引エンジンで利用される機能を中心に、アルゴリズム取引エンジンの内部構成を説明する。

もちろん、アルゴリズム取引エンジンのすべてが、ここで説明する構成と同一というわけではない。しかし、少なくともここで説明する内部構成やその依存関係に相当するものは、実際のエンジンにも含まれているか、エンジンの外に対応する機能があるはずである。

なお、執行アルゴリズム取引エンジン以外のアルゴリズム取引エンジンは、執行アルゴリズム取引エンジンを含んだかたちで構成されているということを前提としており、執行アルゴリズム取引エンジンの内部構成は、次項で紹介する。また、市場操作系アルゴリズム取引エンジンは、他の戦略のために補助的に用いられることが多く、その内容はさまざまなので、必ずしもここで説明する構成とはならない。

図表4-5 アルゴリズム取引エンジンの内部構成例

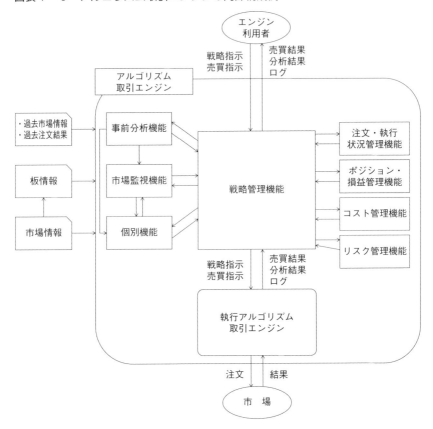

アルゴリズム取引エンジンの機能

アルゴリズム取引エンジンは、図表4-5に示すように戦略管理機能、事前分析機能、市場監視機能、注文・執行状況管理機能、ポジション・損益管理機能、リスク管理機能、コスト管理機能といった機能を保持している。また、戦略に応じた個別の機能をもつ。

戦略管理機能

戦略管理機能は、アルゴリズムの全体を管理する。個々の機能のハブとし

ての役割と、個々の機能から得た情報を統合し、最終的に総合的な注文判断を下す役割を果たす。また、執行結果をエンジン利用者にレポートする。

　総合的な注文判断の例として、ディレクショナル戦略での例をあげておく。ディレクショナル戦略では、市場監視機能から得た収益機会の候補について実際の注文を行うかどうかを判断するため、その注文に伴う取引コストやリスクをコスト管理機能やリスク管理機能に問い合わせる。そして、リターンおよびコスト、リスクを総合的に考慮して数量を調整の後、発注判断を下す。たとえば、収益機会の取引コストをコスト管理機能で評価し取引コストが期待収益より大きい場合や収益機会の取引リスクをリスク管理機能で評価し取引リスクがあらかじめ定めておいた基準を満たさない場合は、収益機会の候補を不採用とする。そのほか、リスク管理機能を通じてマーケット・リスクが大きくなったと判断したならば、ポジションの解消やヘッジの注文を行う。

事前分析機能

　事前分析機能では、アルゴリズムのパラメータなどを決めるため過去の市場データや自己の執行実績等に基づいた事前分析を行う。

　たとえば、ベンチマーク執行アルゴリズムでは執行計画を立てるために事前の分析や集計を行う。具体的には、過去の時間帯別の約定数量の平均や分散などを集計しておく。また、市場・銘柄に応じた標準的な流動性や、銘柄間の相関など、アルゴリズムに必要な情報を事前に計算し戦略管理機能に提供する。そのほか、市場監視機能が保持するモデルのパラメータを推計する機能ももつ。事前分析機能の結果は、市場監視機能や個別機能でも利用される。過去の市場情報や過去の注文結果を入力し、分析結果を出力する。

市場監視機能

　市場の状況をリアルタイムに把握し、アルゴリズム戦略に応じた情報を戦略管理機能に提供する。日中のマーケットのボラティリティや流動性の変化

を把握する機能も含む。

　たとえば、ディレクショナル戦略や裁定戦略では、それぞれの戦略ロジックに基づいて収益機会の発生有無を監視し、収益機会の発生の情報を戦略管理機能に提供する。リアルタイムの市場情報データや板情報、市場の状況の通知基準などを入力し、あらかじめ定めた基準に合致した場合にその情報を戦略管理機能に通知する。

注文・執行状況管理機能

　注文・執行状況管理機能では、注文・執行の計画と実施状況を管理する。

　具体的には、執行予定のタイミングと数量、約定履歴、約定価格、注文中の数量、未注文数量などの情報を管理する。そのほか、執行予定のタイミングで、執行数量を管理機能に通知する機能を有する。また、注文の管理については、価格と数量だけでなく、自己の注文が同じ価格の注文の何番目に位置するかなども管理する場合もある。執行計画、執行結果、市場情報を入力し、自己の管理する執行に関するさまざまな情報を出力する。

ポジション・損益管理機能

　ポジション・損益管理機能は、自己の執行ずみのポジションや損益を管理する機能である。この機能により、評価損益や確定した損益を常に把握する。自己の売買の結果や市場情報を受け取り、損益結果やポジションを返す。

コスト管理機能

　コスト管理機能とは、実際の執行結果に基づいて取引コストを管理する機能と仮に執行した場合のマーケット・インパクトなどの取引コストを推計する機能である。市場情報、ポジション情報、執行計画の情報を入力し、算出したコストを出力する。

リスク管理機能

リスク管理機能とは、執行や自己のポジションに伴うリスクを評価し管理する機能である。自己の保持するポジションのマーケット・リスクの評価や未約定リスクや特定の時間後までの約定率などの推計を行う。市場情報、ポジション情報、執行計画の情報を入力し、算出したリスク量を出力する。

個別機能

個別機能とは、特定の戦略で個別に追加する機能のことである。

たとえば、ベンチマーク執行戦略では、当日の終値、当日の出来高、VWAPの当日の最終結果の確率分布などの推計やベンチマークからの乖離の評価を執行中に行ったうえで執行計画を変更する機能などがある。事前分析の結果や当日の市場情報、板情報などを入力し、結果を市場監視や戦略管理機能などで利用する。

4-3-6 執行アルゴリズム取引エンジンの内部構成

執行アルゴリズム取引エンジンは、自己の執行の状況や市場の状況をモニタリングしながら適切なタイミングと数量の執行を行う。各種アルゴリズム取引の執行時に用いられるが、執行アルゴリズム取引エンジン単独で用いられる場合もある。

執行アルゴリズム取引エンジンは、自己の執行の状況や市場の状況をモニタリングしながら適切なタイミングと数量の執行を行うので、執行状況管理機能や市場監視機能をもつが、リスク管理機能、コスト管理機能、ポジション管理機能が必要になるような複雑な執行は行わず、これらの機能は保持しない。リスク管理やコスト管理、ポジション管理は、執行アルゴリズム取引エンジンを利用する側で行うのが通常である。したがって、4-3-5で説明したその他のアルゴリズム取引エンジンに比べて単純な構成となっている。また、SORを実現させるための総合板の作成機能や総合板に情報を付与するための事前分析機能を有するものもある。

図表4－6　執行アルゴリズム取引エンジンの内部構成例

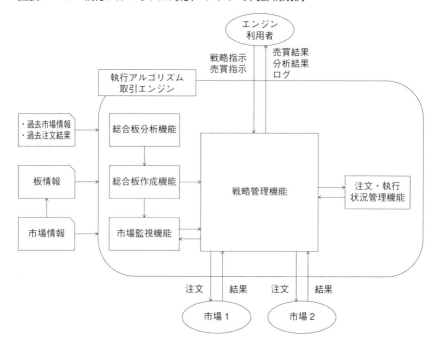

執行アルゴリズム取引エンジンの内部構成例を図表4－6に示した。この例では、市場1と市場2の2つの市場へ注文する。以下、この例にある個々の機能について説明する。

戦略管理機能

戦略管理機能は、執行アルゴリズム取引エンジン全体を管理する機能である。エンジン利用者の売買意思に基づき、個別機能からの通知情報や問合せ結果に基づいて、執行の最終判断を行い、市場のルールに基づき適切な市場に発注する。また、市場からの執行情報を受けて、エンジン利用者に結果をレポートする。

この機能は、たとえば、次のように動作する。

① エンジン利用者から執行指示を受ける。
② 執行指示の内容を、執行管理に登録する。
③ 執行管理から執行数量、執行価格、執行方法の通知を受け、市場へ発注する。
④ 市場からの注文結果・約定結果を受けて、執行管理の情報を連携する。
⑤ 執行の状況を、エンジン利用者にレポートする。
⑥ マーケットに応じて執行するタイミングが決まる場合は、市場監視に登録し、執行タイミングの通知を受ける。
⑦ SORを利用する場合は、総合板の情報を用いて最適な市場を選択し執行する。SORを利用しない場合は、そのまま指定の市場に注文する。

注文・執行状況管理機能

この機能は、4-3-5で説明した同名の機能と同様の機能であり、注文・執行の計画と実施状況を管理する。

たとえば、5-1-5で後述するアイスバーグでは、全体の注文数量、執行済数量、現在の注文数量を管理する。また、マーケットに応じて執行するタイミングが決まる場合は、市場監視からの売買タイミング情報を、戦略管理機能を通じて受け取る。執行の結果を受けて、情報を更新する。新たに執行すべき数量が発生した場合は、戦略管理機能に通知する。執行計画、執行結果、市場情報を入力し、自己の管理する執行に関するさまざまな情報を出力する。

市場監視機能

この機能は、4-3-5で説明した同名の機能と同様の機能である。この機能は、現在の市場への状況を確認し、指定されたアルゴリズムに応じて、市場への注文条件が満たされるか否かを監視し、条件に合致したときに管理機能に通知する。

たとえば、ステルス戦略（5-1-6参照）では、市場に適切な流動性が

生じるか否かを監視する。また、ペグ注文では、注文の変更が必要なマーケット変動を監視する。リアルタイムの市場情報データや板情報、市場の状況の通知基準などを入力し、あらかじめ定めた基準に合致した場合にその情報を戦略管理機能に通知する。

総合板作成機能

複数の市場に注文するための、各市場の板を統合した情報を作成し保持する機能である。5－1－12で説明するように、単に個別市場の板を統合するだけでなく、約定率といった情報も推計し保持する場合もある。この情報は適切な市場の選択に利用される。総合する市場の板情報と総合板分析機能の結果を入力し、総合板を出力する。

総合板分析機能

この機能は、総合板に約定率などの付加情報を付与するために、過去の市場データや注文の約定実績に基づいて、事前分析を行う機能である。各市場の過去の市場情報や過去の注文結果を入力し、約定率などを推計するためのモデルパラメータなどを決定する。

4-4　アルゴリズム構築手順の概要

本節では、アルゴリズム取引戦略のアルゴリズムの構築手順の概要について述べる。構築手順全体の手順は次のとおりである。
1．目的と制約条件を明確化し、アルゴリズム構築全体の指針とする。
2．アルゴリズムを用いて模擬的な取引を行うためのシミュレーション環境を準備する。
3．シミュレーション結果の評価指標を選定する。

4．アルゴリズムを構築する。目的と制約条件に沿ってアイデアを出すところから始め、最終的には具体的なアルゴリズムとしてプログラミング言語で記述する。
5．チューニングを行い、良いパフォーマンスが期待できるようにアルゴリズムのパラメータ値を決定する。
6．アルゴリズムを運用し、日々のパフォーマンスの監視や改善の試行錯誤を行う。

なお、これらの手順は一方通行的なものではなく、うまくいかなければ前の手順に戻ってあらためて検討を行うなど、反復的な試行錯誤を行うことが重要である。また、構築するアルゴリズムの性質によってはシミュレーション環境の準備やチューニングなどの一部の手順を省略することもある。

4-4-1 目的と制約条件の明確化

アルゴリズム構築の目的と制約条件を明確にする。これらはアルゴリズム構築を行ううえでの全体的な指針となる。目的については、獲得したいリターンや抑制したいコスト、またはリスクの種類、目標とするベンチマークなどを明確化する。制約条件については、対象となる市場や銘柄、取引のタイムスケール、インプットとなるデータの特性、利用可能な注文ルート、などを明確化する。

たとえばディレクショナル・アルゴリズムを構築する場合、目的は「1営業日内での値動きの方向性を予測し、その予測に基づいて取引することで売買価格差によるリターンを得ること」などとなる。このとき制約条件は、対象銘柄は大阪取引所で取引される日経225先物、ザラバのみの取引とし引けでポジションをクローズする、インプット・データは10ミリ秒ごとの板と全取引者の約定履歴情報、注文ルートは証券会社を通じた取引所への発注、といったものになる。

4-4-2 シミュレーション環境の準備

シミュレーション環境とは、コンピューター上で模擬的に取引を行うことができる環境のことである。シミュレーション環境を準備することにより、実際の売買を行わずに構築したアルゴリズムの評価、検討を行うことができるようになる。場合によっては、意義のあるシミュレーション環境を準備するのが現実的に困難であるために、やむをえずシミュレーション環境を準備せずに実際の取引でアルゴリズムを試行錯誤することもあるが、可能な限りシミュレーション環境の準備を行うことが望ましい。

シミュレーション環境は、実際の取引を行う環境を高い精度で再現できている必要がある。シミュレーション環境が実際の取引環境を高い精度で再現できていれば、シミュレーションで得られたパフォーマンスを信頼してアルゴリズムの評価を行うことができる。逆にシミュレーション環境の精度が低いと、アルゴリズムの評価を誤り、最悪の場合には実際の取引でアルゴリズムを運用した際に想定外の損失を被ることになる。

シミュレーション環境の精度の向上にあたっては、たとえば、売買手数料やフィーなどの付随費用や、マーケット・インパクト・コストや遅延コストなどの潜在コストをシミュレーション環境に反映するべきである。ただし、潜在コストは実際に発注をしなければわからない不確実な要素であるため、実際にはモデル化などのなんらかの仮定を置くことでシミュレーション環境に反映することになる。シミュレーションの結果を評価する際には、シミュレーション環境で置いている仮定を常に意識することが重要である。

求められるシミュレーション環境は、アルゴリズムの目的や制約条件によって異なる。ディレクショナル・アルゴリズムを構築する場合には、リターンを過大推計してしまわないように、遅延コストやマーケット・インパクト・コストを考慮してシミュレーション環境を準備すべきである。一方で、大口注文を分割発注するような執行アルゴリズムでは、マーケット・インパクト・コストや未約定リスクの抑制がアルゴリズムの目的となるため、これ

らを精緻に推計できるようなシミュレーション環境が必要になる。

4-4-3 評価指標の選定

シミュレーションの結果と実際の取引での運用結果に対する評価指標を、アルゴリズムの目的と制約条件に照らし合わせたうえでリターンやコスト、リスクなどの観点から検討して選定する。ここで選定した評価指標を用いてアルゴリズムの特徴把握や、パフォーマンスの良し悪しの比較、判断を行う。

必要となる評価指標は、アルゴリズムの目的と制約条件によって異なる。たとえばディレクショナル・アルゴリズムを構築する場合は、獲得したいリターンそのものが評価指標となるだろう。一方、大口注文を分割発注するような執行アルゴリズムを構築する場合には、マーケット・インパクト・コストやタイミング・コスト、また執行開始から執行完了までにかかった時間などに関する指標を選定するべきである。

評価指標は1つの指標のみを選定するのではなく、複数の指標を選定し、多角的な観点からアルゴリズムの特性を評価すると良い。1つの指標だけでは他の観点をとりこぼし、評価を誤る可能性が高いためである。たとえばディレクショナル・アルゴリズムを構築する場合、リターンに関する指標のみを評価指標としてしまうと、どの程度リスクをとったのかを確認できないため、許容できるリスクを大幅に超えたアルゴリズムを高く評価してしまう危険性がある。このため、この場合はポジションの大きさや保有時間などのリスクに関する指標も確認すると良い。

具体的な評価指標としてはさまざまなものが考えられる。たとえば、取引全体での総リターンから安全資産のリターンを差し引き、それを個々の取引でのリターンの標準偏差で割ることで算出されるシャープ・レシオや、取引のなかで起こった最大損失(最大ドローダウン)、最大ポジションなどである。また、第3章で説明した個別のリターン、コスト、リスクをそのまま合計・平均した値も指標となりうる。なお、ポジションや損益の推移グラフや

注文数量の分布図など、評価指標の確認をする際にグラフや図を用いる場合もある。

4-4-4 アルゴリズムの構築

アルゴリズムの構築においては、まずアルゴリズムの検討を行い、具体的な売買取引ルールとしてのアルゴリズムを定める。その後プログラミングとテストを行うことで、考慮もれやバグのない、コンピュータ上で実行可能なプログラムを構築する。

アルゴリズムの検討

アルゴリズムの検討では、定めた目的と制約条件に沿ってアイデアを出すところから始め、取引可能な処理手続となるまで具体化する。アルゴリズムは、インプット・データを受け取り、内部的な計算を行い、注文するかどうかを決定し、注文する場合には具体的な注文情報をアウトプットするという一連の処理を一定の時間サイクルで繰り返していくものとなる。

検討にあたっては、通常、まずマーケットデータを調査、分析し、使えそうなマーケット指標や取引手法、数理モデルなどのアイデアを出すことから始める。アイデアの検証は、最終的にはアルゴリズムを構築したうえで実際の取引で運用することによって行うことになるが、マーケットに対して数理モデルを仮定する場合などには、アルゴリズムを構築する前にその数理モデルがマーケットに当てはまるかどうかの実証をすることもある。

アルゴリズムは、売買取引ルールとして詳細に具体化したものでなければならない。ポジションをもつための注文を出す条件、ポジションをクローズするための注文を出す条件、注文を変更またはキャンセルするための条件をそれぞれ明確にする。また、運用上起こりうる、通常の想定とは異なる事象に対しても考慮し、どのように対処するか決めておく必要がある。通常の想定とは異なる事象とは、たとえば、インプット・データに将来時刻の板情報などの異常データが含まれている、通信障害などの問題によりアルゴリズム

の計算実行を行う時間サイクルが通常より異常に大きくなる、といったことである。

プログラミング

検討したアルゴリズムをプログラミング言語により記述する。

プログラミングにあたっては、検討したアルゴリズムの機能をただ正確に記述すれば良いというわけではなく、アルゴリズムを実際の取引に適用したときに意図したとおりの挙動をするように注意しなければならない。

まず、アルゴリズムの計算実行時間に気をつける必要がある。たとえば、インプットからアウトプットまでのアルゴリズムの一連の処理時間は、アルゴリズムの計算実行を行う時間サイクルの長さよりも短い必要がある。これは特にHFTのアルゴリズムを構築する場合には重要な問題であり、高速処理が可能なプログラミング言語で記述するなどの工夫が必要である。

ほかにも、数値計算上の誤差に気をつける必要がある。たとえば、非常に小さな数値や桁の大きい数値を扱った計算では、コンピューターの計算上の都合により計算結果が誤差を含んでしまうことがある。この誤差がアルゴリズムの挙動を変えてしまう可能性があるため、なるべく正確に計算が行われるように計算順序などを工夫することが必要である。

テスト

プログラムを記述した後、まずはそのプログラムが正しく記述されているかどうか、意図どおりのふるまいをするかどうかについて網羅的に確認テストを行う。具体的には、テスト用のインプット・データを用いてプログラムを実行し、計算過程や処理結果が期待される結果と合致しているかどうかを確認する。また、アルゴリズムの処理時間が想定している時間内であるかどうかなど、意図どおりの挙動をしていることを確認する。テストに考慮もれがあると、プログラムのバグや意図していない挙動を見逃すことになり、実際の取引で大損失を出してしまう可能性もあるため、テストはあらゆる観点

のもとで網羅的に行うことが重要である。

4-4-5 チューニング

　チューニングとは、運用で良いパフォーマンスが出せるようにアルゴリズムの可変なパラメータの値を決定することである。単純な例として、価格が直近の一定期間での最高値を上回ったら一定数量買い、最安値を下回ったらポジションを解消するというアルゴリズムを考える。このとき、アルゴリズムの可変なパラメータは、直近の一定期間の長さと、取引の一定数量である。このアルゴリズムの目的が売買価格差によるリターン獲得であるとすると、チューニングではこのパラメータの値を、最も高いリターンが期待できるように決定する。

　チューニングの手順は次のとおりである。まず事前検証として適当なパラメータ値でシミュレーションを行い、アルゴリズム自体の特徴把握やパフォーマンス検証を行う。その後、パラメータ値の探索を行い、あらかじめ定めた期間のデータに対して最も良いパフォーマンスとなるパラメータ値を得る。最後に、得られたパラメータ値に対して、探索に用いたデータとは別のデータを用いて評価を行うことで、運用においても高いパフォーマンスが期待できるかどうかを検証する。なお、チューニングの具体的な方法はアルゴリズムのパラメータの種類や性質によって異なるが、本書ではシミュレーションを行って探索、検証を行う方法を説明する。

事前検証

　事前検証では本格的なパラメータ値の探索を行う前に、一定期間のデータに対して適当なパラメータ値を用いてアルゴリズムのシミュレーションを行い、評価指標を確認することでアルゴリズムの特徴の把握とパフォーマンスの検証を行う。この段階でアルゴリズムの特徴が期待していたものと異なっていた場合や、パフォーマンスが悪くパラメータ値の探索では目的達成が期待できないと判断した場合には、前の手順に戻ってアルゴリズムの再検討と

修正を行う。この検証により、パラメータ値の探索を行ったが良いパラメータ値が見つからないという時間の浪費を防ぐことができる。

パラメータ値の探索

パラメータ値の探索では通常、あらかじめ設定した過去一定期間のデータに対してシミュレーションなどを行い、最も評価が高くなるようなパラメータ値を探す。

パラメータ値の探索方法はさまざまであるが、ひとつの方法としては、パラメータ値を変えながらシミュレーションを繰り返し、それぞれに対するパフォーマンスを評価していくことで探索を行う方法がある。具体的には、目的関数と呼ばれるシミュレーション結果に対する評価指標を定め、この目的関数の値が最も大きく、または最も小さくなるように最適化手法を用いて探索する。ここで目的関数は、4－4－3で選定した評価指標のうちのひとつをそのまま用いても良いし、複数の評価指標を合計するなどしてまとめた値を用いても良い。ただし、探索は目的関数を通じて行うため、たとえばリターンを最大化するパラメータ値が得られたが、実は許容できないほどリスクが大きいパラメータ値だったということがないように、パラメータ値にもたせたい性質を考えて設定する必要がある。

パラメータ値の探索においては、特にオーバー・フィッティングの問題に注意する必要がある。オーバー・フィッティングとは、探索に用いたデータに対してパラメータ値が過度に適合してしまい、そのデータ上での評価は高いものの、他のデータで評価した際に著しく評価が下がってしまう状態を指す。オーバー・フィッティングは、探索に用いたデータに偏りがあり全体を表せていない、探索するパラメータの数が多くアルゴリズムの自由度が高いといった場合に起こりやすい。オーバー・フィッティングへの対処としては、探索に用いるデータの期間を広げるなどして多様な市場状況を含むようにしたり、偏った状況では目的関数の値が向上しないように目的関数を工夫する、一部のパラメータの探索範囲を制限あるいは値を固定するなどが考え

られる。

パラメータ値の検証

パラメータ値の検証では、得られたパラメータ値に対して、探索に用いたデータとは別のデータを用いてシミュレーション評価を行うことにより、運用においても良いパフォーマンスが期待できるかどうかを総合的に検証する。パラメータ値がオーバー・フィッティングしているかどうかの検証もここで行う。検証の結果パラメータ値のパフォーマンスが期待できない場合には、再度条件や方法を変えてパラメータ値の探索する、もしくはアルゴリズムを再検討する。

検証に用いるデータは現在の市場状況に近いデータを含んでいること、またその他のさまざまな市場状況を含んでいることが望ましい。パラメータ値の探索に用いたデータの期間よりも将来のデータを用いて検証を行うことをフォワード・テストというが、このテストでは、現在の市場状況に比較的近いと考えられる状況に対してパフォーマンスの確認を行うことができる。また、市場が大きく動いた時間帯や日にちなどのデータを用いることで、将来起こりうるショックに対して耐えられるかどうかを検証することも重要である。

4-4-6　運用・監視・改善

実際の取引におけるアルゴリズムの運用では、アルゴリズム取引の監視と、改善のための試行錯誤を行っていく。

運用では、異常処理や大損失などの大きな問題が起こらないかどうかと、アルゴリズムの挙動やパフォーマンスがシミュレーションで期待された結果と大きく相違ないかどうかについて日々監視していく。異常処理や大損失などの大きな問題が発生した場合には、即座にポジションをクローズしてアルゴリズムの稼働を停止するなどの措置をとる必要がある。このような大きな問題に対してはあらかじめ想定しておき、問題発生時に迅速に対処できるよ

うに、問題の検知方法と対応のプロセスを明確化しておくことが重要である。アルゴリズムが期待されたパフォーマンスを出せない場合には、調査を行い、原因に対して適切に対処する。たとえば、パラメータ値が現在の市況にあわなくなったことがパフォーマンス悪化の原因と考えられる場合には、再度チューニングを行い、現在の市況で良いパフォーマンスが出せるパラメータ値に入れ替える。

　移り変わりが激しい市場の変化に対応していくため、構築したアルゴリズムの改善を行っていくことも重要である。たとえばパラメータ値の再チューニング、アルゴリズム全体の再検討、またシミュレーション環境の精度向上などの試行錯誤を行い、より高いレベルで目的を達成できるように方策を検討していく。

COLUMN ❷

アルゴリズム構築における2つのアプローチ

　アルゴリズム取引のアルゴリズム構築には、理論的アプローチと経験的アプローチの2つのアプローチがある。

　理論的アプローチとは、値動きや市況のメカニズムに仮説を立て、その仮説によってアルゴリズムの一つひとつの要素を積み上げていくアプローチである。アルゴリズムのモデルを組み立てた時点で、おおよそのアルゴリズムの挙動の方向性をモデル構築者が決定することになる。

　一方、経験的アプローチとは、値動きや市況のメカニズムに対してモデル構築者があらかじめ仮説を立てることはせず、機械学習などの手法によってコンピューターに過去のデータからなんらかのパターンを見つけさせ、そのパターンに合致したモデルを探索させていくアプローチである。事前に準備したパラメータを多く含むアルゴリズムの枠組みのなかから、うまくいくパラメータを探索するイメージである。

　理論的アプローチの良い点は、モデル構築者がアルゴリズムのメカニズムや、うまくいくことが期待できる理由を完全に理解できるため、仮説の検証や問題点の修正などが容易であることである。たとえば、出来高の上昇とト

レンドの発生は組として現れることが多いという仮説に基づいてアルゴリズムを構築するとしよう。モデルの構築にあたり、出来高の上昇、トレンドの発生有無の判断、売買シグナルを出すポイントなどをモデル構築者自身が細かく規定することになる。そのため、アルゴリズムがなぜここで売買を指示するのかの根拠がはっきりしているので、うまくいく理由やうまくいかない理由を分析しやすい。また、運用にあたっても安心してアルゴリズムに売買を任せることができる。

　一方、経験的アプローチでは、結果としての売買シグナルは出てくるものの、なぜここで買いなのか、なぜここで売りなのかがまったくわからないことになる。場合によっては、運用者の直感とは真逆の判断をアルゴリズムが行うという場合もあるだろう。この場合、アルゴリズムを実際に使用するか否かの判断は容易ではない。また過去のデータのパターンに過度に依存したアルゴリズムが選択されてしまい、新たなパターンの市況の動きにはまったく対応できないかもしれないというリスクがある。

　このようにみていくと、理論的アプローチのほうが優れていると思われるかもしれない。しかし、経験的アプローチは、理論的アプローチで探索するモデルの枠組みよりも広い枠組みでモデルを探索するので、理論的アプローチによるアルゴリズムよりも良い結果をもたらすアルゴリズムは必ず存在する。したがって、理論的アプローチの結果を経験的アプローチで拡張することや、経験的アプローチの結果を解釈して、理論的アプローチを実施するなど、ハイブリッドなアプローチというのも有効である。

第5章

アルゴリズム取引戦略

本章では、4-2で述べたアルゴリズム取引戦略の大分類に基づいて、それぞれのアルゴリズム取引の個別戦略を、具体例を交えながら詳しく説明する。

5-1　執行アルゴリズム

　執行アルゴリズムの基本的な戦略を紹介する。執行アルゴリズムは、2-4-4で説明したような素朴なオーダー・タイプである成行注文や指値注文の改善とみることができる。このため、まず比較のために成行注文および指値注文をあらためて詳しくみる。次に、各執行アルゴリズムがどのようなもので、何を目的としているのか、どのような効果を目指しているのかを説明する。

　ここで述べる執行アルゴリズムの多くは、取引所がオーダー・タイプとして用意していることもある。その場合、アルゴリズム取引とはいえないかもしれないが、効果としては同様である。なお、市場の状況に応じて取引が注文されるようなアルゴリズム取引を投資家側で行うと、市場情報を受け取り、分析し、注文するという過程で時間がかかるが、オーダー・タイプとして準備されていれば、そのような遅延はない。

　本節で最初に説明する成行注文、指値注文、逆指値注文は、最も素朴な注文形態であり、通常は市場や証券会社が提供するオーダー・タイプとして備わっているものである。これらはアルゴリズム取引ではないが、これらの注文は複雑な執行アルゴリズムを理解するうえでの比較対象となるため、この節で説明する。

5-1-1　成行注文（Market Order）

　成行注文とは、数量と売りか買いかのみ指定し、価格を指定しない注文で

ある。この注文は、最優先で執行したいときに用いる。

この注文は、すでに板に乗っている注文と対当させるので、テイク注文である。この注文は、同一時間の注文ではすべての指値注文より先に約定する。また価格を指定しないので、取引の相手となる注文が市場にあれば最良価格の注文から順に対当され、すみやかに約定する。したがって、必要な数量の約定が高確率で達成される。つまり、未約定リスクが非常に小さい注文である。一方、想定より悪い価格で約定する可能性がある。具体的には、市場に注文が届くまでに最良気配値が悪化する可能性があること、流動性が減少することで当初の想定以上にマーケット・インパクトを発生させてしまう可能性があることである。

図表 5 − 1　成行注文の例

MO：成行注文実行者
T ：投資家
MM：マーケット・メイカー

① 時刻 9:10:00.000

注文者	売数量	価格	買数量	注文者
		買成行		
MM(100)	100	106以上		
MM(100)	100	105		
MM(200)	200	104		
		103		
		102	200	MM(200)
		101	100	MM(100)
		100以下	100	MM(100)
		売成行		

マーケット・メイカー（MM）が、スプレッド2円で買い板、売り板双方に注文を出している。
成行注文実行者（MO）は、すみやかに数量200を市場から取得したいと考え、成行で数量200の買い注文を出したいと考えている。104円で買える想定である。

② 時刻 9:10:01.000

注文者	売数量	価格	買数量	注文者
		買成行		
MM(100)	100	106以上		
MM(100)	100	105		
MM(200)	200	104	100	T(100)
		103		
		102	200	MM(200)
		101	100	MM(100)
		100以下	100	MM(100)
		売成行		

成行注文実行者（MO）の成行注文が市場に届く前に、投資家（T）の注文が先に市場に届いた。そのため、最良売気配値（104円）の注文数量が少なくなった。

③ 時刻 9:10:02.000

注文者	売数量	価格	買数量	注文者
		買成行	200	MO(200)
MM(100)	100	106以上		
MM(100)	100	105		
MM(100)	100	104		
		103		
		102	200	MM(200)
		101	100	MM(100)
		100以下	100	MM(100)
		売成行		

成行注文実行者（MO）の注文が市場に届いた。ただし、成行注文実行者（MO）が発注したときに比べて、最良売気配値（104円）の注文数量が少なくなっていた。

④ 時刻 9:10:02.000

注文者	売数量	価格	買数量	注文者
		買成行		
MM(100)	100	106以上		
		105		
		104		
		103		
		102	200	MM(200)
		101	100	MM(100)
		100以下	100	MM(100)
		売成行		

成行注文実行者（MO）の注文は、104円で数量100、105円で数量100約定した。したがって、当初の想定より、悪い価格で約定した。

5-1-2 指値注文（Limit Order）

　指値注文とは、数量と売りか買いかだけでなく、価格も指定して行う注文である。したがって、成行注文と違い約定価格が想定外に悪化することはない。一方、ある程度の時間がたっても対当する注文がなく、取引が成立しない未約定リスクがある。

　指値注文は、最良気配値との関係から4つのタイプに分類できる。いま、買い注文を行うことを考えよう。1つ目は、最良売気配値以上の価格への注文である。板が動かなければ板にある注文に即時にぶつかり約定するのでテイク注文である。これを、即時執行可能指値注文という。2つ目は、最良売気配と最良買気配の間への注文である。この指値注文は、最良気配内指値注文と呼ばれるメイク注文で、板が変化しなければこの注文により最良買気配が切りあがる。3つ目は、最良買気配への注文であり、最良気配指値注文と呼ばれる。最良気配指値注文は、板が変化しなければ、最良気配値の列の

図表5-2　指値注文の分類

※買い注文の場合

売数量	価格	買数量
	買成行	
100	106以上	
100	105	
100	104	
	103	
	102	100
	101	100
	100	100
	99以下	100
	売成行	

成行注文 →
即時執行可能指値注文 → テイク注文
最良気配内指値注文
最良気配指値注文
最良気配外指値注文 → メイク注文

最後に並ぶメイク注文である。最後は、最良気配値よりも下の価格への注文で最良気配外指値注文と呼ばれる。最良気配外指値注文は、他の3つに比べればいちばん安い価格への注文であるが、いちばん約定する可能性が低い。

即時執行可能指値注文

即時執行可能指値注文とは、最良売気配値以上の価格への買い指値注文および最良買気配値以下の価格への売り指値注文である。

この注文は、指値注文であるが、テイク注文である。そのため、価格を指定した注文であるものの、マーケット・インパクト・コストを発生させる場合がある。約定の可能性も、成行注文ほどではないが、非常に高い一方、スプレッド・コストがかかる。なお、指値注文なので、成行注文よりも対当の優先順位は劣後する。

図表5-3　即時執行可能指値注文の板遷移例

TO：即時執行可能指値注文実行者
MM：マーケット・メイカー
T：投資家

① 時刻9:10:00.000

注文者	売数量	価格	買数量	注文者
MM(100)	100	106以上		
MM(100)	100	105		
MM(100)	100	104		
		103		
		102	100	MM(100)
		101	100	MM(100)
		100以下	100	MM(100)

マーケット・メイカー（MM）が、スプレッド2円で数量100を買い板、売り板双方に注文を出している。
即時執行可能指値注文実行者（TO）は、105円以下なら、すみやかに数量100を市場から取得したいと考えている。また、106円以上での約定は避けたいと考えている。

② 時刻9:11:00.000

注文者	売数量	価格	買数量	注文者
MM(100)	100	106以上		
MM(100)	100	105	100	TO(100)
MM(100)	100	104		
		103		
		102	100	MM(100)
		101	100	MM(100)
		100以下	100	MM(100)

即時執行可能指値注文実行者（TO）は、105円に数量100の買い指値注文を入れた。

③ 時刻 9:11:00.000

注文者	売数量	価格	買数量	注文者
MM(100)	100	106以上		
MM(100)	100	105		
		104		
		103		
		102	100	MM(100)
		101	100	MM(100)
		100以下	100	MM(100)

価格優先の原則に従い、104円で数量100約定。105円の指値注文なので、106円以上で約定する心配はなかったが、自分より早い投資家により104円と105円の板がとられると約定できないリスクがあった。

最良気配内指値注文

最良気配内指値注文とは、最良買気配値より高く最良売気配値より安い価格への指値注文である。この注文は、注文前の最良気配値を変化させるメイク注文となり、板に乗っている他のメイク注文と比べて注文の約定の優先順位は最も高い。ただし、その代償として、スプレッド収益は注文前の最良気配値での約定に比べて少なくなる。

最良気配内指値注文を自動的に行うアルゴリズムはポーク・フォー・バーゲンズ（Poke for Bargains）と呼ばれることもある [17]。

図表5－4　最良気配内指値注文

MO：最良気配内指値注文実行者
MM：マーケット・メイカー
T：投資家

① 時刻 9:10:00.000

注文者	売数量	価格	買数量	注文者
		105以上		
MM(100)	100	104		
		103		
		102		
		101	100	MM(100)
		100以下		

マーケット・メイカー（MM）が、スプレッド3円で買い板、売り板双方に数量100の注文を出している。最良気配内指値注文実行者（MO）は、多少のスプレッド収益は犠牲にしても、約定する確率を高めたいと考えている。

② 時刻 9:11:00.000

注文者	売数量	価格	買数量	注文者
		105以上		
MM(100)	100	104		
		103		
		102	100	MO(100)
		101	100	MM(100)
		100以下		

最良気配内指値注文実行者（MO）は、最良気配値よりも内側に注文することで、買い側でいちばん優先順位が高くなった。

③　時刻 9:11:01.000

注文者	売数量	価格	買数量	注文者
		105以上		
MM(100)	100	104		
		103		
T(100)	100	102	100	MO(100)
		101	100	MM(100)
		100以下		

投資家（T）の数量100の売り注文が出て、ねらいどおり買い側で最も先に約定した。

最良気配指値注文

最良気配指値注文とは、最良気配値と同価格への指値注文である。この注文は、最良気配値へのメイク注文である。板の同じ価格のなかでは、約定の優先順位は最後になる。

最良気配指値注文を自動的に行うアルゴリズムは、ジョイン・ザ・メイカー（Join the Makers）と呼ばれることもある［17］。

図表5-5　最良気配指値注文

MO：最良気配指値注文実行者
MM：マーケット・メイカー
T：投資家

① 時刻 9:10:00.000

注文者	売数量	価格	買数量	注文者
		105以上		
MM（100）	100	104		
		103		
		102		
		101	100	MM（100）
		100以下		

マーケット・メイカー（MM）が、スプレッド3円で買い板、売り板双方に数量100の注文を出している。最良気配指値注文実行者（MO）は、スプレッド収益を減じることなく注文を約定したいと考えている。

② 時刻 9:11:00.000

注文者	売数量	価格	買数量	注文者
		105以上		
MM（100）	100	104		
		103		
		102		
		101	200	MM（100） MO（100）
		100以下		

最良気配指値注文実行者（MO）は、最良気配値に数量100の買い注文を出した。ただし、すでにマーケット・メイカー（MM）による注文があり、同じ価格の板の先頭ではない。

③ 時刻 9:11:01.000

注文者	売数量	価格	買数量	注文者
		105以上		
MM(100)	100	104		
		103		
		102		
T(100)	100	101	200	MM(100) MO(100)
		100以下		

投資家（T）の数量100の売り注文が101円に出たが、板にある最良気配指値注文実行者（MO）の101円の買い注文は、板の先頭でないため対当せず、マーケット・メイカー（MM）の101円の買い注文が対当した。

④ 時刻 9:11:02.000

注文者	売数量	価格	買数量	注文者
		105以上		
MM(100)	100	104		
		103		
		102		
		101	100	MO(100)
		100以下		

最良気配指値注文実行者（MO）の101円の買い注文は、板の先頭になっている。

⑤ 時刻 9:11:03.000

注文者	売数量	価格	買数量	注文者
		105以上		
MM(100)	100	104		
		103		
		102		
		101	200	MO(100) MM(100)
		100以下		

マーケット・メイカー（MM）の101円の買い注文が数量100で出された。

⑥ 時刻 9:12:00.000

注文者	売数量	価格	買数量	注文者
		105以上		
MM(100)	100	104		
		103		
		102		
T(100)	100	101	200	MO(100) MM(100)
		100以下		

投資家（T）の売り注文が数量100で101円にさらに出た。101円の板の先頭にある数量100の最良気配指値注文実行者（MO）の注文は、多少時間がかかったが約定した。

最良気配外指値注文

　最良気配外指値注文とは、最良買気配値より低い価格への買い指値注文および最良売気配値よりも高い価格への売り指値注文である。この注文は、他の3つのタイプに比べて約定の優先順位は最も低く、未約定リスクは最も大きくなる。ただし、約定すれば注文時の最良気配値より良い価格で約定することとなる。

図表5-6　最良気配外指値注文

MO：最良気配外指値注文実行者
MM：マーケット・メイカー
T：投資家

① 時刻 9:10:00.000

注文者	売数量	価格	買数量	注文者
		105以上		
MM(100)	100	104		
		103		
		102		
		101	100	MM(100)
		100以下		

マーケット・メイカー（MM）が、スプレッド3円で買い板、売り板双方に注文を出している。
最良気配外指値注文実行者（MO）は、約定する確率は下がっても、割安で購入したいと考えている。

② 時刻 9:11:00.000

注文者	売数量	価格	買数量	注文者
		105以上		
MM(100)	100	104		
		103		
		102		
		101	100	MM(100)
		100以下	100	MO(100)

最良気配外指値注文実行者（MO）は、最良気配値より安い価格に買い注文を出した。

③ 時刻 9:11:01.000

注文者	売数量	価格	買数量	注文者
		105以上		
MM(100)	100	104		
		103		
		102		
T(100)	100	101	100	MM(100)
		100以下	100	MO(100)

投資家（T）の注文が出たが、板の先頭でないため約定しなかった。

④ 時刻 9:11:02.000

注文者	売数量	価格	買数量	注文者
		105以上		
MM(100)	100	104		
		103		
		102		
		101	100	MM(100)
		100以下	100	MO(100)

マーケット・メイカー（MM）の注文がすみやかに出た。最良気配外指値注文実行者（MO）の買い注文は、依然として板の先頭ではない。

5-1-3 逆指値注文（Stop Order）

　逆指値注文とは、市場価格があらかじめ指定した価格に到達した時に、成行注文が発注される注文である。この指定した価格のことをトリガー価格という。なお、トリガー価格に到達した時に発注される注文には、指値注文も指定できる場合がある。

　逆指値注文と呼ばれるのは、トリガー価格に達した時に発注されるのが成行注文の場合、通常の指値注文では買いの場合は指定した価格以下で買い、

売りの場合は指定した価格以上で売りとなるのに対し、逆指値注文では買いの場合は指定した価格以上で買い、売りの場合は指定した価格以下で売りとなるからである。

　逆指値注文は、証券会社等のブローカーが注文オプションとして提供している場合が多い。この場合、たとえば、ブローカーが価格データをモニターし、条件に合致した場合に指定された注文を出すことで実現される。

　逆指値注文は、次の目的で利用される。①損失限定のための注文（ストップロス）、②利益確定のための注文、③エントリーのための注文。まず、①損失限定のための注文とは、すでにポジションをもっている状況で、損失が自己の許容水準に達する価格をトリガー価格とし、市場価格がトリガー価格に到達した時に反対売買が自動で行われるように逆指値注文を入れておくことである。②の利益確定のための注文とは、たとえば買いポジションをもっているとき、利益確定の反対売買の価格を決めておき、その価格をトリガー価格として逆指値注文を入れておく利用方法である。③のエントリーのための注文とは、たとえば、ある価格を超えた時に買い、またはある価格を下回った時に売りを実行するために、そのある価格をトリガー価格として逆指値注文を行うことである。

　なお、逆指値注文を成行注文とした場合は、相場が急速に動いている場合や流動性が少ない場合など、トリガー価格と約定価格に大きな乖離が発生することがある。一方、逆指値注文を指値とした場合は、未約定リスクが生じる。そのため、トリガー価格と注文種別を指定する際には、どのようなリスクをとることになるのかについて注意する必要がある。

5-1-4　ヒドゥン・オーダー（Hidden Order）

　ヒドゥン・オーダーとは、板に表示せずに発注できる指値注文である。この注文を出す目的は、注文情報を板に乗せないことで、取引情報の流布を抑えることである。

　この注文は、時間優先原則の例外となり、通常の指値注文よりも優先順位

が劣後する。この注文を出した後に同じ価格に指値注文がきても、その指値注文が先に対当され、板に表示された注文がすべてなくなった後でまだ対当する注文があれば、はじめてヒドゥン・オーダーが約定する。

なお、この注文は、海外ではオーダー・タイプとして準備されている市場が多くあるが、日本ではこの注文を選択できる市場はない。

また、ヒドゥン・オーダーや次で説明するアイスバーグなど注文数量のすべてまたは一部を非表示とする注文は、まとめてリザーブ・オーダー（Reserve Order）とも呼ばれる。

図表5－7　ヒドゥン・オーダー

HO：ヒドゥン・オーダー実行者
MM1：マーケット・メイカー1
MM2：マーケット・メイカー2
T：投資家

① 時刻9:10:00.000

注文者	売数量	価格	買数量	注文者
		105以上		
MM2(300) MM1(600)	900 [900]	104		
MM2(300) MM1(200)	500 [500]	103		
		102		
		101	500 [900]	MM1(300) MM2(200) HO(*400)
		100	700 [700]	MM1(400) MM2(300)
		99以下		

ここで、HO（*400）の*はヒドゥン・オーダーであることを表している。また、買い数量と売り数量のカッコ内は、ヒドゥン・オーダーもあわせた実際の合計数量を表している。ヒドゥン・オーダー実行者（HO）の最良買気配値101円の買い注文400は、ヒドゥン・オーダーのため表示されない。

② 時刻 9:11:00.000

注文者	売数量	価格	買数量	注文者
		105以上		
MM2(300) MM1(600)	900 [900]	104		
MM2(300) MM1(200)	500 [500]	103		
		102		
T(700)	700 [700]	101	500 [900]	MM1(300) MM2(200) HO(*400)
		100	700 [700]	MM1(400) MM2(300)
		99以下		

投資家(T)により、101円に数量700の売りのテイク注文が入った。

③ 時刻 9:11:00.001

注文者	売数量	価格	買数量	注文者
		105以上		
MM2(300) MM1(600)	900 [900]	104		
MM2(300) MM1(200)	500 [500]	103		
		102		
		101	0 [200]	HO(*200)
		100	700 [700]	MM1(400) MM2(300)
		99以下		

101円の売り板に、数量200が未約定で残ることが期待されたが、ヒドゥン・オーダーが対当し、みえている板には注文が残らなかった。

5-1-5　アイスバーグ（Iceberg）

　アイスバーグ注文とは、注文数量のうち板に表示する数量を指定することができる注文である。つまり、全体の注文数量を隠す注文となる。板に表示された注文が約定すると、指定した表示する数量まですみやかに補充される。

　アイスバーグ注文は、リザーブ・オーダーのバリエーションのひとつである。ヒドゥン・オーダーはすべての注文数量を隠していたのに対し、この注文はあらかじめ注文者が指定した数量まで板にのせ、それ以外の注文数量を隠す。ヒドゥン・オーダーでは指値注文より常に優先順位は後となったが、アイスバーグ注文では一部が指値注文となるので、ヒドゥン・オーダーよりも未約定リスクは小さくなる。

　この注文は、大口注文を、他のマーケット参加者に悟られにくく発注する場合に用いられる。注文数量を隠して少しずつ約定させるため、全数量を表示する場合に比べて、取引情報流布コストを抑えられるが、未約定リスクは大きくなる。また、板情報のみを他人がみても、約定後すみやかに同数量追加注文されるために板に変化があらわれず、アイスバーグ注文の存在に気がつかれにくいが、歩み値には短時間に同じ数量の約定が多数並ぶため、板と歩み値の両方をみることでその存在がわかることがある。なお、板にみえる以上に潜在的な流動性を供給している。この潜在的な流動性を他の投資家に見抜かれると、マーケットが自己に不利な方向に動くこともある。

　アイスバーグの拡張として、表示数量や時間間隔を変更できるようにしたものもある。いずれも、アイスバーグよりも、他の参加者に気づかれにくいことがメリットである。表示注文の補充タイミングが即時ではなく、一定の間隔後としたものはタイム・スライシング・アイスバーグ（Time Slicing Iceberg）、間隔をランダムとしたものはスマート・タイム・スライシング・アイスバーグ（Smart Time Slicing Iceberg）と呼ばれる。注文間隔がアイスバーグよりも大きいので、未約定リスクは若干大きくなる。ほかにも、指定

した数量の範囲で補充数量をランダムとしたものなどもある。

なお、アイスバーグという名前は、注文の一部のみみせるだけなので、アイスバーグ（氷山）の一角のみが海上にみえるさまから由来している。

図表5－8　アイスバーグ

IB：アイスバーグ実行者
MM：マーケット・メイカー
T：投資家

① 時刻9:10:00.000

注文者	売数量	価格	買数量	注文者
		105以上		
MM（100）	100	104		
		103		
		102		
		101	100	MM（100）
		100以下		

アイスバーグ実行者（IB）は、10,000株の大量のポジションを抱えており、マーケットにできるだけ影響を与えずに売却したいと考えている。

② 時刻9:11:00.000

注文者	売数量	価格	買数量	注文者
		105以上		
MM（100）	100	104		
IB（100）	100	103		
		102		
		101	100	MM（100）
		100以下		

アイスバーグ実行者（IB）は、大量のポジションを保持していることを他の投資家に察知されないように、指定した数量である数量100を、マーケット・メイカー（MM）の内側である103円に発注し、他の投資家のテイク注文を待つ。アイスバーグ実行者（IB）の注文は、最良売気配値である。

③ 時刻 9:11:01.000

注文者	売数量	価格	買数量	注文者
		105以上		
MM(100)	100	104		
IB(100)	100	103	100	T(100)
		102		
		101	100	MM(100)
		100以下		

アイスバーグ実行者（IB）の期待どおり、投資家（T）の買いテイク注文が103円に数量100入った。

④ 時刻 9:11:01.000

注文者	売数量	価格	買数量	注文者
		105以上		
MM(100)	100	104		
		103		
		102		
		101	100	MM(100)
		100以下		

アイスバーグ実行者（IB）は、とりあえず数量100の売却に成功した。

⑤ 時刻 9:11:01.010

注文者	売数量	価格	買数量	注文者
		105以上		
MM(100)	100	104		
IB(100)	100	103		
		102		
		101	100	MM(100)
		100以下		

アイスバーグ実行者(IB)は、先の約定後、非常に短い時間で、再度指定した数量である数量100を、マーケット・メイカー(MM)の内側に発注し、他の投資家のテイク注文を待つ。

5-1-6　ステルス(Stealth)

　ステルスとは、他のマーケット参加者から察知されないように、板に自分のほしい注文が出た場合、板に出た注文だけを間髪を入れずに価格を指定したテイク注文で取りにいくアルゴリズムである。

　この注文の目的は、自分の存在をできるだけ隠し、マーケット・インパクトの発生を抑えることである。板は一瞬変化しすぐにもとに戻るため、その変化を人間が直接視認するのはきわめて難しい。もちろん、ステルスの約定結果は歩み値に現れてしまうため、事後の確認は可能である。

　アイスバークは基本的にメイク注文であったが、ステルスはテイク注文であり、スプレッド費用を支払うかわりに未約定リスクを小さくしている。

図表5－9　ステルス

ST：ステルス実行者
MM：マーケット・メイカー
T：投資家

① 時刻 9:10:00.000

注文者	売数量	価格	買数量	注文者
		105以上		
		104		
		103		
MM（100）	100	102		
		101		
		100	100	MM（100）
		99以下		

ステルス実行者（ST）は、他の投資家に察知されないように101円以下で数量5,000購入したいと考えている。

② 時刻 9:11:00.000

注文者	売数量	価格	買数量	注文者
		105以上		
		104		
		103		
MM（100）	100	102		
T（100）	100	101		
		100	100	MM（100）
		99以下		

投資家（T）は数量100を売却したいと考え、最良売気配よりも安い価格である101円に数量100の売りのメイク注文を入れた。

③ 時刻 9:11:00.010

注文者	売数量	価格	買数量	注文者
		105以上		
		104		
		103		
MM(100)	100	102		
T(100)	100	101	100	ST(100)
		100	100	MM(100)
		99以下		

ステルス実行者(ST)は、投資家(T)の101円数量100の売り注文が出た直後に、すぐに対当する価格に同じ数量の買い注文を出し約定した。

④ 時刻 9:11:00.100

注文者	売数量	価格	買数量	注文者
		105以上		
		104		
		103		
MM(100)	100	102		
		101		
		100	100	MM(100)
		99以下		

投資家(T)の注文は、板に瞬間的にしか乗らず、板のみをみている他の参加者は、気がつかなかった。ただし、歩み値には、この約定の情報が残っている。ステルス実行者(ST)は、再度、他の投資家たちの売り注文を待つ。

5-1-7　ペギング（Pegging）

ペギングとは、取引所やダークプールの最良気配値や仲値などの参照値に対して同値または一定値（率）離れた値で指値注文し、その参照値が変動した場合には、注文変更を行って変動に追随するアルゴリズムである。マー

ケット・メイクを行う際にも使われる。追随を行う価格の上限や下限を決め、それ以上は追随を行わない場合もある。なお、2-4-5で説明したように、取引所等のオーダー・タイプとして準備されている場合もある。

5-1-8 レイヤリング（Layering）

レイヤリングとは、複数の価格に指値注文を入れるアルゴリズムである。

レイヤリングは指値注文の各価格のなかでの時間優先順位を確保するために用いられる。この場合、売り買い両側に細かく多数の注文を入れ、必要なくなれば一部の注文をすぐに取り消す。そして再度同じ価格に注文を行うという使われ方をする。こういった利用の場合、大量の注文数と高い取消率を伴うことが多い。

レイヤリングを売りまたは買いの片側に対して用いる場合などは、市場に多くの取引情報を流布することで、他の投資家の市場流動性の予測や需要の予測を誤認させる場合がある。逆に、他の投資家の市場流動性の予測や需要の予測を誤認させる目的で用いられる場合は、市場操作系アルゴリズムのスプーフィング（5-6-2参照）ととらえられる。

なお、スプーフィングは、取引する意図はない注文を行い、執行される前にそれを取り消す行為一般を指し、レイヤリングはスプーフィングの一部で、自己に有利になるように他の投資家に誤解をさせるような発注を行うことを指すと説明されているものもある。[32]

5-1-9 流動性ドリブン執行（Liquidity Driven Order）

流動性ドリブン執行とは、好ましい板の厚みや価格になったときにテイク注文を出す戦略である。

この戦略は、少量の流動性消費コストを甘受してでも約定を優先し、取引情報流布コストの発生を避けたい場合などに用いられる。3-2-2で述べたように、一般に、注文を分割して出すと、市場に自身の取引意思を示すことになり、取引情報流布コストなどの潜在コストが発生する。しかし、たと

えば必要な数量すべてを一度に執行可能な大きな流動性が板にある場合には、すべての数量を一度に執行し、将来の取引情報流布コストの発生や未約定リスクを回避するのが合理的な場合がある。

5-1-10 SOR（スマート・オーダー・ルーティング）

スマート・オーダー・ルーティングとは、複数の市場から最良の市場を選択し、その選択された市場に注文を執行するアルゴリズムである。複数の市場とは、取引所やPTSだけでなく、ダークプールも含まれる。

最良の市場を選択するために、複数の市場の注文情報をひとまとめにしたマーケット全体の板がつくられる。本書では、これを仮想総合板と呼ぶ。この総合板をみて、基本的には、価格優先で流動性をとっていく。

仮想総合板の作成には、さまざまな考慮事項があり、精度や信頼性が異なる。この仮想総合板の作成精度向上がSORの性能に大きく影響する。

COLUMN ❸

仮想総合板の高度化

仮想総合板の作成では、単に複数の市場の注文情報を統合するだけでなく、さまざまな情報を利用することで、より精度や信頼性を高めることができる。ここでは、仮想総合板の高度化について具体的に3つあげる。

1つ目は、市場によって手数料やフィーなどのコストに差があることを利用して仮想総合板の精度を高める方法である。手数料やフィーなどのコストは仮想総合板の価格に反映させて利用する。

2つ目は、市場によって遅延時間や注文の取消率などの差により約定確率が異なることを利用して仮想総合板の精度を高める方法である。発注から執行までの時間が長いと、価格や数量が変化し約定確率が変化する。また、注文時に板にあった注文が、注文到達時に取り消されても約定確率が変化する。そこで、遅延時間や注文の取消率などの過去データをもとに約定確率を独自に推計し仮想総合板に反映させて利用する。

3つ目は、隠れた流動性を推計することで、仮想総合板の精度を高める方法である。隠れた流動性の推計では、直近のマーケット推移や各市場の約定と板の変化などの情報を利用する。たとえば、各市場の価格より良い値段での約定があるとすると、それは隠れた注文が存在していたことを意味する。そして、隠れた注文の存在は隠れた流動性の存在を意味する。なお、流動性の推計結果の確認や推計のためのデータを集めるため、5－6－8で説明するピン・オーダーなどを用いることもある。

　図表5－10は、仮想総合板の生成例である。市場と注文ごとに執行遅延と約定率を推計し、板に表示している。この板では、マーケット1では100円で買うことができる確率を80%と見込んでいる。また、隠れた注文の推計値を太字の文字で示している。同価格の通常の注文と比較して、約定確率が低いため、別IDで表現している。

図表5－10　仮想総合板の生成例

マーケット1（買板）

ID	手数料率	遅延時間	約定確率	数量	価格
1001	100	10msec	80%	2000	100

マーケット2（買板）

ID	手数料率	遅延時間	約定確率	数量	価格
2001	50	100msec	90%	2000	100
2002	50	100msec	**10%**	**1000**	**99**

マーケット3（買板）

ID	手数料率	遅延時間	約定確率	数量	価格
3001	25	1000msec	85%	2000	101
3002	25	1000msec	85%	1000	99
3003	25	1000msec	**15%**	**500**	**98**

※太字は、板にみえない注文

仮想総合板（買い）

ID	手数料率	遅延時間	約定確率	数量	価格
1001	100	10msec	80%	2000	100
2001	50	100msec	90%	2000	100
3001	25	1000msec	85%	2000	101
2002	50	100msec	**10%**	**1000**	**99**
3002	25	1000msec	85%	1000	99
3003	25	1000msec	**15%**	**500**	**98**

5-1-11 取引執行手続の自動化

　従来人手で行われていたさまざまな執行業務の多くはアルゴリズムによって自動化される。単純な業務でも人手で正確に行うには大きなコストとリスクがかかるので、自動化のメリットは大きい。

　ここでは、個々の具体的なアルゴリズムではなく、どういった手続が自動化されるのかを説明する。たとえば、投資家からの委託注文の執行、自己のポジションのヘッジやマーケット・メイク業務など、従来、定型的に近いかたちで行っていた業務を自動化している。また、多数の銘柄が含まれたバスケット注文を短時間に手動で行うことは、現実的に難しく自動化の対象となる。そのほか、取引規制にのっとった執行を間違いなく行うように自動化の仕組みを構築している。

　取引規制の例として、空売り規制がある。空売り規制は、市場がある条件を満たしたときに発動される。そのため、執行形態が空売りである場合、利益が見込めていても、無尽蔵に発注をしてもよいわけではなく、規制で許されている範囲で執行しなければならない。東京証券取引所では、基準価格から10%以上下落した場合に空売りの価格規制がかかることなどがある。この場合、価格規制の発動を把握し、発動の有無によって執行価格を変化させる

など、規制を遵守しつつ収益機会を逃さない対応もアルゴリズム取引として自動化できる。

5-1-12 まとめ

最後に、本節で紹介した執行アルゴリズムを図表5-11にまとめる。

図表5-11 執行アルゴリズムのまとめ

戦　略	戦略概要
成行注文 (Market Order)	数量および売りか買いかのみ指定し、価格を指定しない注文。テイク注文。市場のオーダー・タイプとして通常ある。
指値注文 (Limit Order)	価格と数量を指定して行う注文。 指定する価格と最良気配値との関係で、テイク注文になる場合がある。 市場のオーダー・タイプとして通常ある。
逆指値注文 (Stop Order)	市場価格があらかじめ指定した価格に到達した時に、買いの成行注文または売りの成行注文が発注される注文。この指定した価格のことをトリガー価格という。なお、トリガー価格に到達した時に発注される注文には、指値注文も指定できる場合がある。
ヒドゥン・オーダー (Hidden Order)	板に表示せずに出せる指値注文。 同じ価格の場合、板に表示する指値注文より優先順位が劣後する。
アイスバーグ (Iceberg)	注文の一部の指定した数量を板に表示し、それ以外を非表示にする指値注文。表示注文が約定すると、すみやかに非表示注文から補充される。 表示数量が0の場合は、ヒドゥン・オーダーと同じである。 表示注文の補充タイミングが即時ではなく、一定の間隔後としたものはタイム・スライシング・アイスバーグ（Time Slicing Iceberg）、間隔をランダムとしたものはスマート・タイム・スライシング・アイスバーグ（Smart Time Slicing Iceberg）と呼ばれる。

ステルス (Stealth)	板に自分のほしい注文が出た場合、板に出た注文だけを間髪を入れずにテイク注文でとりにいく。
ペギング (Pegging)	他市場の最良気配値や仲値などの参照値に対して同値または一定値離れた値で指値注文し、その後注文変更を繰り返してその参照値の変動に対して追随する。
レイヤリング (Layering)	複数の価格に指値注文を入れること。指値注文の各価格のなかでの時間優先順位を確保するために用いられ、必要なくなればすみやかにキャンセルされる。
流動性ドリブン執行 (Liquidity Driven Order)	好ましい板の厚みや価格になったとき、テイク注文を出す。
SOR (スマート・オーダー・ルーティング)	複数の市場から最良の市場を選択し、その選択された市場に注文を執行するアルゴリズム。複数の市場の板情報を統合し各市場の約定確率、遅延時間、手数料等の情報も含めた仮想総合板が利用されることもある。

5-2 ベンチマーク執行アルゴリズム

　ベンチマーク執行アルゴリズムとは、自己の執行結果をベンチマークに近づける戦略で、何をベンチマークとするのかにより大きく分類される。また、同じベンチマークでも事前の分析にのみ基づく静的な戦略と市場の情報をリアルタイムに取り込みながら執行数量やタイミングを変えていく動的な戦略とがある。さらに、ベンチマークを目標としつつも、より積極的に自己に有利な結果をねらうものもある。ここでは、これらの視点で分類される個々の戦略を説明する。

5-2-1　TWAP（Time-Weighted Average Price）

　TWAPアルゴリズムは、取引したい数量を単純に等時間間隔に等分して

図表5-12 TWAPの例

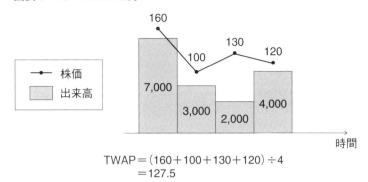

発注するアルゴリズムである。一定の時間区切りごとにマーケット・インパクト・コストが発生しないほど少ない数量ずつ発注すれば、自動的に該当期間のその時間区切りでのTWAP（時間平均価格）での約定が達成される。ここでTWAPとは該当期間内で株価を等時間間隔に観測したものを単純平均したものを指す（図表5-12）。TWAPの値は、観測した価格に依存するので、あらかじめどのタイミングで株価を観測するかを決めておく必要がある。

TWAPアルゴリズムは結果的に約定価格をTWAPに近づける戦略になっているが、大口執行のコストやリスクを回避するには分割発注すればよいという素朴なアイデアを、等時間間隔、等分株価で発注という、最も単純かつ具体的な方法に整備したものといえる。実際の発注は、注文したい数量、執行したい時間帯に応じて決定することになるが、その際には取引情報流布コスト、発注スケジュールを見透かされるリスクに留意して工夫する必要がある。

なお、このように分割発注しても、流動性が低下した場合のマーケット・インパクト・コストや未約定リスクは避けられない。このようなコストやリスクはどのような戦略においても完全には避けられないものではあるが、事前に何の対策もしていない単純なTWAP戦略では、対策をしているアルゴ

リズムよりも不利である。たとえば、TWAP戦略では、市場流動性が大きいタイミングでも小さいタイミングでも一定の数量を発注するが、市場流動性にあわせて発注数量を調節するように改良したほうがマーケット・インパクト・コスト面では有利である。

次項以降の戦略では市場流動性がより大きいタイミングに、より大きい数量を発注しようとする仕組みがなんらかのかたちで組み込まれている。そのため、現実には単純な分割発注以上の工夫を施した次項以降のアルゴリズムが採用される。

5-2-2　VWAP（Volume-Weighted Average Price）

VWAPアルゴリズムとは、自己の執行のVWAPを市場のVWAPに近づけることを目指すアルゴリズムである。ここで市場のVWAPとは、株価を約定ごとの出来高（売買成立数量）の重み付きで平均した値である（図表5-13）。単純平均であるTWAPよりも出来高が大きい時間帯の株価をより重視していることから、市場における平均売買価格の実態を反映するベンチマークとして投資家に広く採用されている。

VWAPアルゴリズムでは、自己の執行のVWAPをこの市場のVWAPに近

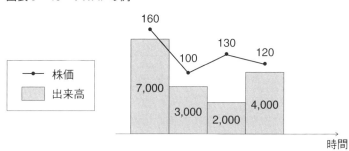

図表5-13　VWAPの例

VWAP＝(160×7000＋100×3000＋130×2000＋120×4000)
　　　÷(7000＋3000＋2000＋4000)
　　＝135

づけるために、過去の平均的な日中出来高分布をあらかじめ算出しておき、この分布に従って取引したい数量の分割執行をスケジューリングするという戦略をとる（図表5-14）。

執行したい分布を実現するためのスケジューリングは、たとえば、次のように行う。まず全体の予定執行期間を適当な期間に分割する。この分割した期間を本書では時間ウィンドウと呼ぶ。次に、それぞれの時間ウィンドウに執行すべき数量を割り当てる。このとき、目標とする出来高分布や時間ウィ

図表5-14　VWAPアルゴリズムの手順

① 過去の平均的日中出来高分布を算出

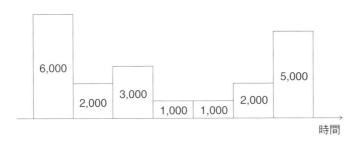

② 過去の平均的日中出来高分布に基づいた配分で執行スケジュールを決定し、スケジュールどおりに執行

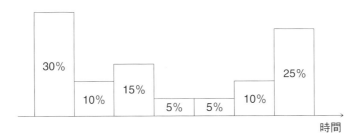

ンドウの大きさによって発注すべき数量が変化する。最後に、各時間ウィンドウのなかで、執行するタイミングと数量を調整する。この調整の仕方には、①時間間隔一定で各注文数量を増減させる、②注文数量を一定とし時間間隔を調整する、③注文数量も回数も調整する、等の対応方法がある。この際、取引情報流布コストや発注スケジュールを見透かされるリスクを勘案して決定する必要がある。

　VWAPアルゴリズムはあらかじめ過去の平均分布に従って決定したスケジュールで執行するため、執行時の出来高分布が過去の平均分布からずれれば、自己の執行のVWAPと実際に取引執行期間に実現した市場のVWAPにはずれが生じる。自己の執行のVWAPを取引執行期間の市場のVWAPにより近づけるために、執行中にも価格や出来高をモニタリングして執行スケジュールに修正を加えることもある。このように動的に修正を加える戦略として、次の5－2－3で述べるPOVがある。

5-2-3　POV（Percentage of Volume）

　POVアルゴリズムは、VWAPをベンチマークとし、常に市場出来高に対して一定割合を占めるように注文を行うことにより自己の執行のVWAPを市場のVWAPに近づける戦略である。

　POVは市場やそれまでの執行の状況に応じてリアルタイムに執行スケジュールを柔軟に変更する点がVWAPアルゴリズムと異なる。POVでは市場のVWAPでの約定を達成するために、あらかじめ計画した数量ずつ執行するのではなく、POVという名のとおり「常に市場出来高に対して一定割合を占める」ように執行する。このため、POVではあらかじめ自分の取引高が市場の出来高に占めるべき割合（市場参加率）の目標値を定めておく。そして、常に市場参加率の実績値をモニタリングし、定めた目標値との乖離が0になるように発注していく。なお、図表5－15にPOVアルゴリズムの市場参加率の目標値を25％とした場合の例を示した。

　図表5－16に基づいて、POVの手順の例を示す。目標市場参加率（r）が

図表5-15 POVアルゴリズムの目標のイメージ

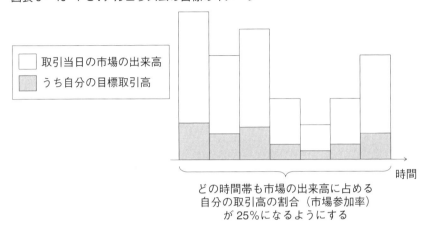

図表5-16 POVアルゴリズムの実行例(市場参加率の目標値が25%の場合)

時刻	市場の取引高	自己の取引高	市場の累積取引高	自己の累積取引高	自己の市場参加率	目標市場参加率	追加で発注すべき数量	追加後の市場の累積取引高	追加後の自己の累積取引高	追加後の自己の市場参加率
t	n	m	N	M	M÷N	r	Δ=(rN−M)÷(1−r)	N+Δ	M+Δ	(M+Δ)÷(M+Δ)
9:03	6,300	0	6,300	0	0.0%	25.0%	2,100	8,400	2,100	25.0%
9:08	4,800	2,100	11,100	2,100	18.9%	25.0%	900	12,000	3,000	25.0%
9:10	2,700	900	13,800	3,000	21.7%	25.0%	600	14,400	3,600	25.0%
9:11	2,700	600	16,500	3,600	21.8%	25.0%	700	17,200	4,300	25.0%
9:15	1,600	700	18,100	4,300	23.8%	25.0%	300	18,400	4,600	25.0%

25%とすると、市場の累積取引高(N)に占める自己の累積取引高(M)の割合(F列)が25%となることを目指すことになる。自己の追加発注数量は、自己の追加発注が市場の累積取引高にも影響することに注意すると、

　　追加の発注量=[目標市場参加率(r)×市場の累積取引高(N)−自己の累積取引高(M)]÷(1−目標市場参加率(r))

となる。これを執行すべき数量を執行し終えるまで継続する。このように、POVアルゴリズムでは、執行スケジュールを柔軟に変更するといっても出来高の予測を行うわけではなく、実現した出来高を観測してから乖離を調整していく。

POVでは目標値との乖離を0に近づけることを目指すが、具体的にいつどれだけの数量を発注するかの判断アルゴリズムは別途定める必要がある。たとえば、ある程度の時間ごとに発注する、乖離が大きくなったら発注する、などのアルゴリズムによる発注判断も考えられる。ただし、他の参加者の取引を観測するごとに常に追随して発注するような方法をとると、容易に注文を予測されてしまうおそれがある。

POVにおける市場参加率の目標値は、通常、過去の平均出来高に対して取引したい数量をすべて執行できるように設定する。しかし、POV実行時の実際の市場出来高が過去の平均出来高を大きく下回った場合、取引したい数量をすべて執行できないリスクがある。逆に、ある時点で一時的に（過去データから予期できない）出来高の急激な増加があった場合、そこで取引したい数量を早々に執行し終えてしまい、自己の執行VMAPが市場のVMAPと乖離してしまうリスクもある。これらのリスクを回避したい場合には、執行数量の達成率が低い場合には市場参加率の目標値を変更したり、発注数量の閾値を設けたりするなど、なんらかの対策をとる必要がある。

5-2-4　PI（Price Inline）

PIは、VWAPやPOVと同様に市場のVWAPでの約定を目指すアルゴリズムだが、市場環境に応じて発注数量を調整することで、ベンチマークを上回る結果を目指している点が異なる。このアルゴリズムの名称は、「価格に従って」発注数量を調整することからきている。

市場環境に応じた発注数量の調整方法としてAIM（Aggressive in-the-Money）とPIM（Passive in-the-Money）がある。前者のAIMは、取引コストが低くなる確率を大きくする戦略である。ベンチマークに対して有利な市場環境

では積極的に取引を行うことで、ベンチマークを上回るパフォーマンスを実現しようとする。ただし、AIMでは取引コストが多くの場合は小さくなるものの、逆に取引コストが非常に大きくなるリスクが高まることが知られている。なお、取引コストは、3-2-2で述べたように潜在コストを付随費用に分けられるが、ここでの取引コストの増減は潜在コストによると考えてよい。

一方、PIMは取引コストが非常に大きくなるリスクを抑えようとする戦略である。そのため、AIMとは逆に、ベンチマークに対して有利な市場環境では消極的に取引を行う。その結果、取引コストが非常に大きくなるリスクを小さくできる一方、多くの場合、取引コストは大きくなる。なお、図表5-17にAIM、PIMそれぞれの場合の取引コストの確率分布の概念図を示した。

PIアルゴリズムは、POV戦略にAIMまたはPIMによる発注数量の調整を加えたものである。つまり、POV戦略よりもベンチマークを上回る確率を高めたい場合はAIMを用い、ベンチマークよりはるかに悪い結果となる確率を下げたい場合は、PIMを用いる。ベンチマークを上回る確率を高めることとベンチマークよりはるかに悪い結果となる確率を下げることが両立しない点は重要である。

図表5-18にPIの例を示す。あらかじめベンチマーク価格を設定し、そのベンチマーク価格より市場価格が高いか低いかで市場参加率の目標値に調整を加えている。図表5-18ではベンチマーク価格より価格が高いときに目標取引高を小さめに調整しているので、買い注文でAIM（価格が低いときに大きめに発注する）または売り注文でPIM（価格が高いときに小さめに発注する）を採用する例といえる。

AIMとPIMの場合の市場価格に応じた発注数量の調整を図表5-19にまとめる。

なお、図表5-18のPIアルゴリズムは、事前に固定したベンチマーク価格より市場価格が高い時間帯と低い時間帯がたまたま半々程度になる都合のよい例になっている。しかし、もしも一日の最後まで市場価格がベンチマーク

図表5-17　AIM、PIMにおける取引コストの確率分布（概念図）

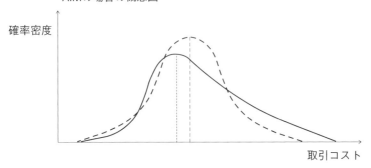

AIMでない場合（破線）に比べて、取引コストの最頻値は小さくなるので、多くの場合取引コストは小さくなる。
しかし、取引コストの十分大きなところでの確率は大きくなっており、非常に大きな取引コストがかかる可能性も大きくなっている。

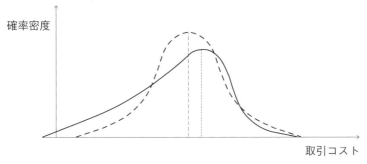

PIMでない場合（破線）に比べて、取引コストの十分大きなところでの確率は小さくなっており、非常に大きな取引コストがかかる可能性は小さくなる。
しかし、取引コストの最頻値は大きくなるので、多くの場合取引コストは大きくなる。

価格を下回らなかった場合、注文したい量が注文し切れなくなってしまうことになる。そこで未約定数量を残したくない場合はすべて注文し切れるよう徐々に数量を増やす調整をする必要が生じる。この図をAIMの買いとしてみると、最初の4つの時間ウィンドウでは「ベンチマーク価格より価格が高い」として買い数量を控え目にしているが、もしこの後も市場価格が下回ら

図表 5−18 PIアルゴリズムの例（買いでAIMの場合または売りでPIMの場合）

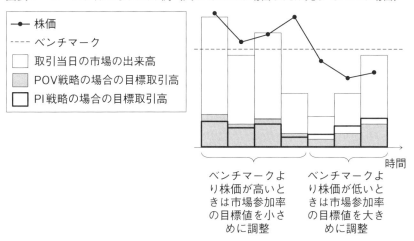

図表 5−19 AIMとPIMの場合の市場価格に応じた発注数量の調整

		（ベンチマークより） 株価が高いとき	（ベンチマークより） 株価が低いとき
AIM	買い注文	小さめに調整	大きめに調整
	売り注文	大きめに調整	小さめに調整
PIM	買い注文	大きめに調整	小さめに調整
	売り注文	小さめに調整	大きめに調整

ず、それどころかさらに価格が上昇した場合は、価格に応じた調整をしない場合よりも価格変動の悪影響を受けることになる。しかし、市場価格が大きく下回ったときはAIM調整をしたほうが有利となる。なお、ベンチマーク価格は事前にある値に固定するのではなく特定の時点の仲値などが用いられることもある。

5-2-5　MOC（Market on Close）

　MOCは、市場の終値をベンチマークとするもので、自身の取引のVWAP

を市場の終値に近づけることを目指すアルゴリズムである。VWAPは市場における平均売買価格を表す値として重視されているが、日々の終値もまた損益認識において採用される重要な指標となっている。また、実務上は、引けの取引において大きなマーケット・インパクトを発生させないような制限が課されることもある。

　終値での約定を目指すのはVWAPでの約定を目指すのとは事情が異なる。というのは、終値は市場がクローズするその時刻まで終値がどこになるかに確実に役に立つ情報が得られない。確実に終値で約定させるには市場がクローズする時刻に注文すればよいが、大口注文の場合はクローズ時刻にすべて執行すると大きなマーケット・インパクト・コストを支払うことになってしまう。また、未約定リスクもある。それではと、早々から分割執行を開始すると、クローズ時刻までに価格が変動してしまうリスクがある。つまり、マーケット・インパクト・コスト、タイミング・リスクおよび未約定リスクを考慮してバランスをとった執行開始時刻を決定する必要がある。たとえば、投資銘柄の流動性が小さい場合はマーケット・インパクト・コストが大きくなるため、執行開始時間を早めるべき要因となる。他方、投資銘柄のボラティリティが大きい場合はタイミング・リスクが危惧され、執行開始時刻を遅らせるべき要因となる。

　執行開始時刻を決定したら、そこから引けにかけての分割スケジュールを決定することになる。時刻がクローズ時刻に近くなっていくほうが市場価格も終値に近くなっていくことが期待されるので、引けにかけて徐々に執行数量を大きくするような戦略をとることが多い。VWAPアルゴリズムやPOVアルゴリズムの発注数量を引けにかけて相対的に大きくなるように修正した戦略をとるのがひとつの方法である。さらに、投資家のリスク選好によって市場価格への感応性を、AIMやPIMなどを用いて、加味することもありうる。POVやAIMまたはPIMを採用する場合、市場の出来高や市場価格もリアルタイムに参照することになる。

5-2-6 IS（Implementation Shortfall）

ISは売買意思決定時の市場価格をベンチマークとし、注文の際のさまざまなコストをトータルで最小化することを目指す戦略である。通常、マーケット・インパクト・コスト、タイミング・コスト、機会コストの存在により、売買判断したときの想定損益と、実際に売買を執行して実現した損益には乖離が生じる。この乖離をIS（Implementation Shortfall）という。特に取引アルゴリズムとしてISという場合は、ISを最小化すべく最適化したタイミングと数量に分割執行する戦略を指す。

このISを最小化するための執行スケジュールの決定方法はトータルコストをどのようにモデル化するかによってさまざまであり、一概にこれといった枠組みはない。執行スケジュールの決定方法の一例は、以下の手順の繰り返しである。

① 取引を執行する期間（短時間のうちに執行するのか、長時間かけて執行するのか）を決定する（動的に変更することもありうる）。
② 定めた執行期間内での分割スケジュールを決定する。
③ トータルコストを推計し、取引を執行する期間の変更要否を判断する。

取引を執行する期間の長短は、MOCアルゴリズム同様に、投資銘柄のマーケット・インパクト・コストやタイミング・リスクに左右される。執行期間にかかわる要素の例を図表5-20に示す。なお、この表の要素とは別に

図表5-20 執行期間にかかわる要素の例

短期間のうちに執行すべき要因	タイミング・リスクを小さくしたい	投資家が執行コストの不確定要素を減らしたい
		投資銘柄のボラティリティが大きい
長期間かけて執行すべき要因	マーケット・インパクト・コストを小さくしたい	注文したい数量が大きい
		投資銘柄の流動性が小さい

取引にかけることのできる時間に制約があることもありうる。

　執行期間内での分割スケジュールについては、市場出来高に比例させようとするVWAPアルゴリズムやPOVアルゴリズムをベースにする方法がマーケット・インパクト・コスト面では有利である。これは、VWAPアルゴリズムやPOVアルゴリズムが、市場の流動性が大きいタイミングに大きい数量を発注するからである。さらに、タイミング・リスクや取引情報流布コストのモデル化によっては、時間がたつほど徐々に発注数量を小さくするまたはその逆を行うといった調整を行うこともある。また、POVのようにリアルタイムに市場の出来高によって目標発注数量を調整することも、あるいはボラティリティを参照して調整することもある。

　本項では考え方の一例のみを示したが、最初に取引執行期間を規定せず、期間も含めて最適なスケジュールを決定するモデルもある。

5-2-7　AS（Adaptive Shortfall）

　ASはIS戦略を市場価格に応じてリアルタイムで調整する戦略である。これもやはりAIMやPIMによる調整が代表的な例である。

5-2-8　まとめ

　最後に、本節で紹介したベンチマーク執行アルゴリズムをまとめる（図表5-21）。

図表5-21　ベンチマーク執行アルゴリズムのまとめ

アルゴリズム	ベンチマーク	内容	執行前にあらかじめ決定しておく事項（主要なもの）	執行時に参照する市場のリアルタイムの情報
TWAP (Time-Weighted Average Price)	TWAP	執行量を均等に分割し均等な時間間隔で執行する。	・取引執行期間 ・分割スケジュール（等分・等間隔）	なし（執行期間の市場状況によるスケジュール調整はしない）
VWAP (Volume-Weighted Average Price)	VWAP	過去の平均的な出来高分布に応じて決定した執行スケジュールに従って執行する。	・取引執行期間 ・分割スケジュール（過去の平均的な出来高分布）	なし（執行期間の市場状況による分割スケジュール調整はしない）
POV (Percentage of Volume)	VWAP	執行期間の出来高に応じて、自分の市場参加率が目標値となるように執行する。	・取引執行期間 ・市場参加率の目標値	出来高
PI (Price Inline)	VWAP	POVにおいて市場参加率の目標値を価格に応じて上下に調整し、ベンチマークを上回る結果を目指す。	・取引執行期間 ・市場参加率の目標値 ・市場価格のベンチマーク	出来高 価格
MOC (Market on Close)	市場の終値	マーケット・インパクト・コスト、タイミング・リスクおよび未約定リスクのバランスをとった執行開始時刻を決定し、引けにかけて数量を増しながら執行する。	・取引開始時刻 ・ベースとなる分割スケジュール ・引けにかけての傾斜度	（出来高） （価格） ※ベースとなる分割スケジュールによる。
IS (Implementation Shortfall)	売買意思決定時の価格	トータルコストをモデル化し、ISを最小化するように執行する。	・取引執行期間 ・分割スケジュール	なし（執行期間の市場状況による分割数量調整・スケジュール調整はしない）
AS (Adaptive Shortfall)	売買意思決定時の価格	ISにおいて分割数量、スケジュールを価格に応じて調整する。	・取引執行期間 ・ベースとなる分割スケジュール ・市場価格のベンチマーク	出来高 価格

第5章　アルゴリズム取引戦略

5-3 マーケット・メイキング・アルゴリズム

　本節では、マーケット・メイキング・アルゴリズムの基本的な戦略について紹介する。

　初めに紹介する売買スプレッドで売買価格を決める戦略（5-3-1　市場仲値参照）は、最も基本的なマーケット・メイキング・アルゴリズムであり、一定の売買スプレッドを定めて市場仲値を中心とする買い指値注文と売り指値注文を提示するものである。

　次に紹介する受動的に市場仲値から自らの仲値をずらす戦略（5-3-2　自己ポジション参照）は、マーケット・リスクを小さくするためのもので、他参加者の注文を受けてもたされたポジションをそれ以上に増やさず、むしろ減らしやすくする効果がある。

　最後に紹介する2つの戦略は、上のようなポジションに応じて受動的に自らの仲値を市場仲値からずらす戦略ではなく、板情報の変化を利用して能動的に仲値をずらす戦略である。1つ目の取り残された指値注文を取る戦略（5-3-3　市場実勢価格連動）は、板の複数の価格が一方向へ動くなかで、その動きに遅れて取り残された他参加者の指値注文をとる戦略であり、自らが遅れた価格の指値注文を提示する危険性を示唆するものである。2つ目の大口指値注文を支えとする戦略（5-3-4　市場流動性活用）は、他参加者の大口指値注文が現れたとき、その指値注文をとることで損失を限定できることを利用し、その指値注文の価格よりも最小価格単位だけ良い価格を提示する戦略である。

5-3-1　市場仲値参照

　マーケット・メイキング・アルゴリズムの基本戦略は、自らの売買指値注文価格のスプレッドを定めて、市場仲値を中心として指値注文を提示する戦

略である。市場仲値の変動に応じて自らの指値注文価格も変動させる。指値注文が約定したら、約定した分だけあらためて指値注文を提示する。売買両方の指値注文が約定すると、その間に市場仲値が変動していなければ、指定したスプレッドが利益として実現する。これを図表5－22により具体的に説明する。

図表5－22 市場仲値参照

MM：マーケット・メイカー
T：投資家

① 時刻10:00:00.000

注文者	売数量	価格	買数量	注文者
T(200)	200	105		
T(100)	100	104		
		103		
		102		
		101		
		100	100	T(100)
		99	200	T(200)

アルゴリズム適用開始直前の板の状態で、市場仲値は102である。

② 時刻10:00:00.001

注文者	売数量	価格	買数量	注文者
T(200)	200	105		
T(100)	100	104		
MM(100)	100	103		
		102		
		101	100	MM(100)
		100	100	T(100)
		99	200	T(200)

マーケット・メイカー（MM）はマーケット・メイキングを開始した。数量100、売買スプレッドを2、市場仲値102を中心として指値注文を提示した。

③ 時刻10:00:01.000

注文者	売数量	価格	買数量	注文者
T(200)	200	105		
T(100)	100	104		
MM(100)	100	103	100	T(100)
		102		
		101	100	MM(100)
		100	100	T(100)
		99	200	T(200)

投資家（T）により、価格103数量100の買い注文が発注され、マーケット・メイカー（MM）の価格103の注文と対当した。

④ 時刻10:00:01.000

注文者	売数量	価格	買数量	注文者
T(200)	200	105		
T(100)	100	104		
		103		
		102		
		101	100	MM(100)
		100	100	T(100)
		99	200	T(200)

マーケット・メイカー（MM）のポジションは数量100、価格103の売りポジションとなった。

⑤ 時刻10:00:01.002

注文者	売数量	価格	買数量	注文者
T(200)	200	105		
T(100)	100	104		
MM(100)	100	103		
		102		
		101	100	MM(100)
		100	100	T(100)
		99	200	T(200)

マーケット・メイカー（MM）はあらためて売買スプレッドを2、マーケット・メイカー（MM）以外の注文からなる市場仲値102を中心として指値注文を提示するため、売り指値を価格103に新規注文した。

⑥ 時刻10:00:01.100

注文者	売数量	価格	買数量	注文者
T(200)	200	105		
T(100)	100	104		
MM(100)	100	103		
		102		
T(100)	100	101	100	MM(100)
		100	100	T(100)
		99	200	T(200)

投資家（T）により、売り数量100が指値で発注され、マーケット・メイカー（MM）の価格101、数量100の買い指値注文に対当した。

⑦ 時刻10:00:01.100

注文者	売数量	価格	買数量	注文者
T(200)	200	105		
T(100)	100	104		
MM(100)	100	103		
		102		
		101		
		100	100	T(100)
		99	200	T(200)

マーケット・メイカー（MM）のポジションは0となり、数量100×売買価格差（103－101）＝200の利益が確定した。

⑧ 時刻10:00:01.102

注文者	売数量	価格	買数量	注文者
T(200)	200	105		
T(100)	100	104		
MM(100)	100	103		
		102		
		101	100	MM(100)
		100	100	T(100)
		99	200	T(200)

マーケット・メイカー（MM）はあらためて売買スプレッドを2、マーケット・メイカー（MM）以外の注文からなる市場仲値102を中心として指値注文を提示するため、買い指値を価格101に新規注文した。

スプレッドの定め方について、リベートが存在して市場の最良価格のスプレッドが狭い状況、市場の最良価格のスプレッドが十分広い状況、市場仲値の変動が大きい状況、の3つの状況をあげて例示しておく。

リベートが存在して市場の最良価格のスプレッドが狭い状況

リベートが存在する市場では、市場の最良価格の売買スプレッドが狭ければ、実質的にスプレッドを0として指値注文を提示することも考えられる。ここでいう実質的にスプレッドを0とするとは、同時に同一価格で売買指値注文を出すことではなく、買い指値注文と売り指値注文のいずれかが約定した後に、約定していないほうの価格を約定した側の価格に変更することである。スプレッドを実質的に0とするほど狭くすることの目的は、売買価格差による利益が0になるかわりに、最良価格の提示機会を増やすことで約定回数と取引数量を増やし、リベートによる収入を増やすことである。以上を図表5－23により具体的に説明する。このように実質的なスプレッドを0とすることは、後述する5－3－2で紹介する戦略を実行しているとみなすこともできる。

図表5－23　実質0の狭い売買スプレッドを提示しリベートを得る
MM：マーケット・メイカー
T：投資家
① 時刻10:00:00.000

注文者	売数量	価格	買数量	注文者
T(100)	100	103		
T(100)	100	102		
		101		
		100	100	T(100)

アルゴリズム適用開始直前の板の状態で、市場仲値は101である。取引数量に対して0.005のメイカー・リベートが発生する市場とする。

② 時刻10:00:00.001

注文者	売数量	価格	買数量	注文者
T(100)	100	103		
MM(100) T(100)	200	102		
		101	100	MM(100)
		100	100	T(100)

マーケット・メイカー（MM）はマーケット・メイキングを開始した。数量100、売買スプレッドを1、市場仲値101を中心として指値注文を提示したいが、呼値の単位の制約により、価格101.5と100.5では出せないので、価格102と101で出す。価格102の売り指値注文については、すでに出ている注文の後ろに並ぶことになる。

③ 時刻10:00:00.100

注文者	売数量	価格	買数量	注文者
T(100)	100	103		
MM(100) T(100)	200	102		
T(100)	100	101	100	MM(100)
		100	100	T(100)

投資家（T）により、売り数量100が指値で発注された。マーケット・メイカー（MM）の価格101の買い指値注文に対当した。

④ 時刻10:00:00.100

注文者	売数量	価格	買数量	注文者
T(100)	100	103		
MM(100) T(100)	200	102		
		101		
		100	100	T(100)

マーケット・メイカー（MM）のポジションは数量100、価格101の買いポジションとなった。さらに、リベートとして数量100×0.005＝0.5が得られた。

⑤ 時刻10:00:00.102

注文者	売数量	価格	買数量	注文者
T(100)	100	103		
T(100)	100	102		
MM(100)	100	101		
		100	200	T(100) MM(100)

マーケット・メイカー（MM）は価格101と100に売りと買いの指値注文を出した状態にした。価格101の売り指値注文は最良価格となっており、価格102で後ろに並んでいる指値注文の約定を待つよりも早く約定することが期待できる。

⑥ 時刻10:00:00.200

注文者	売数量	価格	買数量	注文者
T(100)	100	103		
T(100)	100	102		
MM(100)	100	101	100	T(100)
		100	200	T(100) MM(100)

投資家（T）により、買い数量100が指値で発注された。マーケット・メイカー（MM）の価格101の売り指値注文に対当した。

⑦ 時刻10:00:00.200

注文者	売数量	価格	買数量	注文者
T(100)	100	103		
T(100)	100	102		
		101		
		100	200	T(100) MM(100)

マーケット・メイカー（MM）のポジションは0となり、数量100×価格差（101−101）=0の損益が確定した。さらに、リベートとして数量100×0.005=0.5が得られ、リベートの合計は1となった。

⑧　時刻10：00：00.202

注文者	売数量	価格	買数量	注文者
T(100)	100	103		
T(100)	100	102		
MM(100)	100	101		
		100	200	T(100) MM(100)

マーケット・メイカー（MM）は再び価格101と100に売りと買いの指値注文を出した状態にした。

市場の最良価格のスプレッドが十分広い状況

　市場の最良価格の売買スプレッドが十分広ければ、自らが出してよいと考える最小のスプレッドSpよりも広いスプレッドで指値注文を置いて成行注文を待つ。このほうが、収益性が高くなるためである。もし、自らの売買指値注文より内側に指値注文が現れ、それがSp分のスプレッドを確保できるのであれば、テイク注文によりポジションを取ってもよい。以上をSp＝2として、図表5－24により具体的に説明する。

図表5-24 広い売買スプレッドを提示しつつ約定機会を増やす

MM　マーケット・メイカー
T：投資家

① 時刻10:00:00.000

注文者	売数量	価格	買数量	注文者
T(200)	200	105		
		104		
		103		
		102		
		101		
		100		
		99	200	T(200)

アルゴリズム適用開始直前の板の状態で、市場仲値は102、市場の最良の売買価格のスプレッドが105-99=6である。

② 時刻10:00:00.001

注文者	売数量	価格	買数量	注文者
T(200)	200	105		
MM(100)	100	104		
		103		
		102		
		101		
		100	100	MM(100)
		99	200	T(200)

マーケット・メイカー（MM）はマーケット・メイキングを開始した。数量100、市場仲値102を中心として指値注文を提示する。売買スプレッド2でも良いと考えているが、スプレッド4で最良価格を提示できるため、スプレッドは4とした。

③ 時刻10:00:01.000

注文者	売数量	価格	買数量	注文者
T(200)	200	105		
MM(100)	100	104		
		103	100	T(100)
		102		
		101		
		100	100	MM(100)
		99	200	T(200)

投資家（T）は、最も安い価格104よりも安く買いたいため、価格103の買い指値注文を出した。

④ 時刻10:00:01.001

注文者	売数量	価格	買数量	注文者
T(200)	200	105		
MM(100)	100	104		
MM(100)	100	103	100	T(100)
		102		
		101		
		100	100	MM(100)
		99	200	T(200)

マーケット・メイカー（MM）は先の市場仲値102から売買スプレッドが2までの注文ならとって良いと考えているため、価格103に対して売り指値注文を出し、価格103の買い指値注文に対当させた。

⑤ 時刻10:00:01.001

注文者	売数量	価格	買数量	注文者
T(200)	200	105		
MM(100)	100	104		
		103		
		102		
		101		
		100	100	MM(100)
		99	200	T(200)

マーケット・メイカー（MM）のポジションは数量100、価格103の売りポジションとなった。

⑥ 時刻10:00:01.100

注文者	売数量	価格	買数量	注文者
T(200)	200	105		
MM(100)	100	104		
		103		
		102		
		101		
T(100)	100	100	100	MM(100)
		99	200	T(200)

投資家（T）により、100円に数量100の売り指値注文が発注され、マーケット・メイカー（MM）の価格100の買い指値注文に対当した。仮に、市場仲値102で売買スプレッド2で指値を出していたら、価格101の買い指値注文に対当していたので、それと比べると価格差1だけ安く買えたといえる。

⑦ 時刻10:00:01.100

注文者	売数量	価格	買数量	注文者
T(200)	200	105		
MM(100)	100	104		
		103		
		102		
		101		
		100		
		99	200	T(200)

マーケット・メイカー（MM）のポジションは0となり、数量100×価格差（103−100）＝300の利益が確定した。

⑧ 時刻10:00:01.102

注文者	売数量	価格	買数量	注文者
T(200)	200	105		
MM(100)	100	104		
		103		
		102		
		101		
		100	100	MM(100)
		99	200	T(200)

マーケット・メイカー（MM）は再び市場仲値から売買スプレッド4で指値注文を出した状態にした。

市場仲値の変動が大きい状況

　市場仲値の時間に対する変動幅が大きくボラティリティが大きい状況では、それに応じてスプレッドを広くする。狭いスプレッドで指値注文を提示すると、市場仲値の変動に伴い、他参加者にとって有利、かつ、自らにとって不利な価格を提示することになりやすく損失が出やすいためである。以上

を市場仲値の変動が大きい状況に対して、売買スプレッドを狭めにした場合と広めにした場合の両方について、図表5－25により具体的に説明する。

図表5－25　価格変化が激しいときには売買スプレッドを広くする

MM：マーケット・メイカー
T：投資家
【売買スプレッドを狭めに提示する場合】
① 時刻10:00:01.000

注文者	売数量	価格	買数量	注文者
T(100)	100	105		
		104		
		103		
		102		
MM(100)	100	101		
		100		
		99	100	MM(100)
		98		
		97		
		96		
		95	100	T(100)
		94	100	T(100)
		93	100	T(100)
		92	100	T(100)
		91		
		90		

価格変化が激しいため、市場の最良価格の売買スプレッドは広くなっている。マーケット・メイカー（MM）は市場仲値100、売買スプレッド1でマーケット・メイキングしている。この図表では明記しないが、仮に価格99での買い注文が対当したとする。

② 時刻10:00:01.100

注文者	売数量	価格	買数量	注文者
		105		
		104		
T(100)	100	103		
T(100)	100	102		
T(200)	200	101		
T(100)	100	100		
		99		
		98		
		97		
MM(100)	100	96		
		95		
		94	100	MM(100)
		93		
		92		
		91	300	T(300)
		90	100	T(100)

板の状況が変化し市場仲値は95となった。価格99の買いポジションを保持した状態で、仮に価格96の売り指値注文が対当すると、数量100×価格差（96－99）＝－300となり、300の損失が確定する。

【売買スプレッドを広めに提示する場合】
① 時刻10:00:01.000

注文者	売数量	価格	買数量	注文者
T(100)	100	105		
MM(100)	100	104		
		103		
		102		
		101		
		100		
		99		
		98		
		97		
		96	100	MM(100)
		95	100	T(100)
		94	100	T(100)
		93	100	T(100)
		92	100	T(100)
		91		
		90		

価格変化が激しいため、市場の最良価格の売買スプレッドは広くなっている。マーケット・メイカー（MM）は市場仲値100、売買スプレッド4でマーケット・メイキングしている。この図表では明記しないが、仮に価格96での買い注文が対当したとする。

② 時刻10:00:01.100

注文者	売数量	価格	買数量	注文者
		105		
		104		
T(100)	100	103		
T(100)	100	102		
T(200)	200	101		
T(100)	100	100		
MM(100)	100	99		
		98		
		97		
		96		
		95		
		94		
		93		
		92	100	MM(100)
		91	300	T(300)
		90	100	T(100)

板の状況が変化し市場仲値は95となった。価格96の買いポジションを保持した状態で、仮にさらに価格99の売り指値注文が対当すると、数量100×価格差（99−96）=300となり、300の利益が確定する。

5-3-2 自己ポジション参照

　自己ポジション参照戦略とは、提示した買い指値注文が約定し買いポジションを抱えた後、その買いポジションを増やしにくく減らしやすいように、自らの提示する売買指値注文価格の両方を下げる戦略である。売買指値注文価格を下げれば、他参加者にとっては売れる価格と買える価格が下がるので、売り需要を減らし、買い需要を増やす効果が期待できる。売りポジ

ションを抱えた場合も考え方は同様で、自らの提示する売買指値注文価格の両方を上げる。以上を図表5－26により、売りポジションを抱えた場合を用いて具体的に説明する。

図表5－26　自己ポジション参照

MM：マーケット・メイカー
T：投資家

① 時刻10:00:00.000

注文者	売数量	価格	買数量	注文者
T(200)	200	105		
T(100)	100	104		
		103		
		102		
		101		
		100	100	T(100)
		99	200	T(200)

アルゴリズム適用開始直前の板の状態で、市場仲値は102である。

② 時刻10:00:00.001

注文者	売数量	価格	買数量	注文者
T(200)	200	105		
T(100)	100	104		
MM(100)	100	103		
		102		
		101	100	MM(100)
		100	100	T(100)
		99	200	T(200)

マーケット・メイカー（MM）はマーケット・メイキングを開始した。数量100、売買スプレッドを2、市場仲値102を中心として指値注文を提示した。

③ 時刻10:00:01.000

注文者	売数量	価格	買数量	注文者
T(200)	200	105		
T(100)	100	104		
MM(100)	100	103	100	T(100)
		102		
		101	100	MM(100)
		100	100	T(100)
		99	200	T(200)

投資家（T）により、価格103数量100の買い注文が発注され、マーケット・メイカー（MM）の価格103の注文と対当した。

④ 時刻10:00:01.000

注文者	売数量	価格	買数量	注文者
T(200)	200	105		
T(100)	100	104		
		103		
		102		
		101	100	MM(100)
		100	100	T(100)
		99	200	T(200)

マーケット・メイカー（MM）のポジションは数量100、価格103の売りポジションとなった。

⑤ 時刻10:00:01.002

注文者	売数量	価格	買数量	注文者
T(200)	200	105		
MM(100) T(100)	200	104		
		103		
		102	100	MM(100)
		101		
		100	100	T(100)
		99	200	T(200)

マーケット・メイカー（MM）は売買スプレッド2で指値注文を出すが、売りポジションであることを反映し、市場仲値102から上に1ずらした価格103を中心として指値注文を提示した。売り指値価格104、買い指値価格102となる。

⑥ 時刻10:00:01.050

注文者	売数量	価格	買数量	注文者
T(200)	200	105		
MM(100) T(100)	200	104		
		103		
T(100)	100	102	100	MM(100)
		101		
		100	100	T(100)
		99	200	T(200)

投資家（T）により、売り数量100が指値で発注され、マーケット・メイカー（MM）の価格102、数量100の買い指値注文に対当した。

⑦　時刻10:00:01.050

注文者	売数量	価格	買数量	注文者
T(200)	200	105		
MM(100) T(100)	200	104		
		103		
		102		
		101		
		100	100	T(100)
		99	200	T(200)

マーケット・メイカー（MM）のポジションは0となり、数量100×売買価格差（103−102）＝100の利益が確定した。

⑧　時刻10:00:01.052

注文者	売数量	価格	買数量	注文者
T(200)	200	105		
T(100)	100	104		
MM(100)	100	103		
		102		
		101	100	MM(100)
		100	100	T(100)
		99	200	T(200)

マーケット・メイカー（MM）はあらためて売買スプレッドを2、マーケット・メイカー（MM）以外の注文からなる市場仲値102を中心として指値注文を提示した。

戦略の要点

　この戦略の要点は、ポジションを保持した後のマーケット・リスクを減らすことにある。マーケット・リスクの管理はマーケット・メイキングにより利益を出すうえで重要である。なぜなら、5−3−1の最も基本的な戦略に

従い、市場仲値を中心としてスプレッドを決めて売買指値注文を置き続けると、売買需要に偏りがあるときに偏ったポジションをもたされ、損失を出しやすいためである。たとえば市場に売り注文が多いとすると、自らの買い指値注文が何度も約定することになる。さらに、売り注文が多いことは、市場全体としては価格が下がる向きに動くことを意味する。市場の仲値が下がると、自らの売り指値注文価格も下がるので、その時点で売り指値注文が約定し買いポジションを解消できても、損失が確定することになる。

自己の仲値をずらす幅の決定方法

自己の仲値をずらす幅の決定方法について、ポジションだけで決定する具体例と、そのほかに板の厚みなども考慮する方法について触れておく。ポジションだけで決定する具体例として簡単なものは、ポジションの大きさに関係なく、買いポジションの時は一定値だけ仲値を下げる、売りポジションの時は一定値だけ仲値を上げるというものである。もう少し適切と思われるのがポジションの大きさに応じて、ずらす幅を大きくすることである。その場合、ポジションを一定水準ごとに区切って、各水準に応じてずらす幅を変えればよい。より高度な方法として、ある時点でのポジション以外に板の厚み、つまり市場の指値注文状況も用いて、市場仲値に対する価格モデルを仮定し、一定時間内の約定確率を計算したうえで、仲値をずらす幅と売買スプレッドを同時に決定する、といった方法もある。

指値注文の数量調整

ところで、マーケット・リスク管理の観点からは、価格だけを調整するのではなく、数量についても調整することが望ましい。大きな買いポジションを保持しているときは、売り指値注文の数量を買い指値注文と比べて大きめ、特に買いポジションの数量と同一にすれば、早期に買いポジションを解消できる可能性が大きくなる。しかし、大きな売り指値注文を出すことで、市場が売りに傾きやすくなると、売値を下げざるをえなくなるおそれもあ

る。したがってマーケット・リスクだけでなく、その他のリスクも考慮して、注文数量を調整することが望ましい。

5-3-3 市場実勢価格連動

　市場実勢価格連動戦略とは、最良の売買価格やそれに近い複数の売買指値注文の価格が上下いずれかの方向に動くなか、その動きに追随せずに取り残された指値注文をとるという戦略である。前項ではポジションに応じて受動的に自らの仲値を市場仲値からずらす戦略を紹介した。本項で紹介する戦略は、他参加者の指値注文の状況の変化、つまり板情報の変化を利用して、能動的に自らの仲値を市場仲値からずらす戦略である。

　この戦略では、最良価格付近の売買両方の指値注文価格の多くが上がっていくなかで、その動きに連動し自らの指値注文価格も上げていく。その動きから取り残された結果として最良となった他参加者の売り指値注文が残っているとき、その指値注文をテイク注文でとり、その価格よりは大きい最良となる売り指値注文を出し、約定を待つ。約定すれば利益が確定する。もしその後価格がそのまま動き続ければ、他参加者の買い指値注文に対して売ることで利益を確定することもできる。価格が下がっていく場合も同様に考えればよい。以上を図表5-27により具体的に説明する。

図表5-27 市場実勢価格連動

MM：マーケット・メイカー
T：投資家

① 時刻10:00:00.000

注文者	売数量	価格	買数量	注文者
		108		
		107		
		106		
		105		
		104		
T(500) MM(100)	600	103		
		102		
		101		
		100		
		99	600	T(500) MM(100)

マーケット・メイカー（MM）は数量100、売買スプレッドを4、市場仲値101を中心として指値注文を提示している。同一価格でほかにも指値注文を出している投資家（T）がいる。

② 時刻10:00:00.001

注文者	売数量	価格	買数量	注文者
		108		
		107		
		106		
T(400)	400	105		
		104		
T(100) MM(100)	200	103		
		102		
		101	400	T(400)
		100		
		99	200	T(100) MM(100)

投資家(T)による価格103の売り指値の数量が減り、価格105の売り指値の数量が増えた。同様に、価格99の買い指値の数量が減り、価格101の買い指値の数量が増えた。このように数量400ずつの売買指値注文価格が2上がった。市場の仲値は1だけ上がり、102になった。

③ 時刻10:00:00.005

注文者	売数量	価格	買数量	注文者
		108		
MM(100)	100	107		
		106		
T(400)	400	105		
		104		
T(100)	100	103	100	MM(100)
		102		
		101	400	T(400)
		100		
		99	100	T(100)

マーケット・メイカー（MM）は価格の上昇が継続すると判断し、市場仲値102を中心として指値注文を出すのではなく、市場仲値102 + 価格変化2 + 変化継続予想分1 = 105を中心とした指値注文を出した。自らの買い指値注文が投資家（T）の価格103の取り残された売り指値注文に対当した。

④ 時刻10:00:00.005

注文者	売数量	価格	買数量	注文者
		108		
MM(100)	100	107		
T(400)	400	106		
		105		
		104		
		103		
		102	400	T(400)
		101		
		100	100	T(100)
		99		

マーケット・メイカー（MM）のポジションは数量100、価格103の買いポジションとなった。また、投資家（T）による価格105の売り指値と価格101の買い指値がそれぞれ価格1上がった板になり、市場仲値は104となった。

⑤ 時刻10:00:00.007

注文者	売数量	価格	買数量	注文者
T(400)	400	108		
MM(100)	100	107		
		106		
		105		
		104	400	T(400)
		103	100	MM(100)
		102		
		101	100	T(100)
		100		
		99		

マーケット・メイカー（MM）は未約定の売り指値注文から売買スプレッド4となるように価格103で買い指値注文を出した。同時に投資家（T）の指値価格が上がっている。

⑥ 時刻10:00:00.100

注文者	売数量	価格	買数量	注文者
T(400)	400	108		
		107		
		106		
		105		
MM(100)	100	104	400	T(400)
		103	100	MM(100)
		102		
		101	100	T(100)
		100		
		99		

マーケット・メイカー(MM)は価格変化が落ち着いたと判断し、買いポジションの利益確定を目的として、売り数量100で価格104の指値を発注した。

⑦ 時刻10:00:00.100

注文者	売数量	価格	買数量	注文者
T(400)	400	108		
		107		
		106		
		105		
		104	300	T(300)
		103	100	MM(100)
		102		
		101	100	T(100)
		100		
		99		

マーケット・メイカー(MM)のポジションは0となり、数量100×売買価格差(104−103)=100の利益が確定した。

⑧ 時刻10:00:00.102

注文者	売数量	価格	買数量	注文者
MM(100) T(400)	500	108		
		107		
		106		
		105		
		104	400	T(300) MM(100)
		103		
		102		
		101	100	T(100)
		100		
		99		

マーケット・メイカー（MM）はあらためて市場仲値106を中心として売買スプレッド4の指値を発注した。

戦略の要点

マーケット・メイキング・アルゴリズムにおいて、市場価格の動きから遅れた価格を提示することは危険である。もし、自らが取り残された指値注文価格を提示する立場だとしたら、価格が上がるなかで売りポジションをもたされたり、価格が下がるなかで買いポジションをもたされることになり、価格変化の向きに対して自らが不利なポジションとなるからである。

実勢価格をすみやかに把握するための方法の検討

実勢価格をすみやかに把握し、自らが遅れた価格を提示しないことは、マーケット・メイキングにおいて重要である。しかし、5－3－1や5－3－2のような各瞬間だけの市場仲値を参照して指値注文を提示する戦略で

は、相対的に遅れた価格を提示するおそれがある。その理由として2点あげる。
・自らが板情報を参照した時点と、価格を決定し指値注文が板に反映されるまでに、一定の時間を要するため、価格が上下いずれかの向きに動き出している注文と比べると、常に相対的に遅れた価格となる。
・市場仲値には、遅れた結果最良となる価格の指値注文の寄与が含まれており、価格が動き出している指値注文のみを反映したものとならない。

そこで、遅れない価格を提示する方法を個別に考える必要がある。たとえば、ある時点の板情報だけではなく、複数時点の板情報の変化を用いて、一定時間内の市場仲値の変化率を使うことが考えられる。さらに、価格だけでなく数量も反映するほうが良いと考えて、最良売買価格から定まる市場仲値を使うのではなく、注文数量による重み付けをした価格を使うことも考えられる。また、日経225先物のように、先行性や連動性の高い指標の動きを参照することも考えられる。

5-3-4 市場流動性活用

市場流動性活用戦略とは、他参加者の大口指値注文があるとき、その大口注文に価格の動きを一方向に限定する効果があることと、必要なときにその指値注文をとることで損失を限定できることを利用し、その指値注文の価格よりも最小価格単位だけ良い価格を提示する戦略である。この戦略は一般にペニー・ジャンプ［17］と呼ばれるものであり、前節と同様に板情報の変化を利用して、能動的に自らの仲値を市場仲値からずらす戦略である。

この戦略では、最良価格に大口の買い指値注文が現れたとき、自らの買い指値注文を呼値1つ分だけ良くした最良指値注文を提示する。その大口指値注文がみせかけのものでなければ、大きな買いの需要を表すため、価格は上がると予想する。買い指値注文が約定して買いポジションをもたされた後、価格が上がれば利益が得られる。仮に価格が上がらなくても、この大口指値注文を利用してポジションを解消することで、損失の下限を呼値の単位だけ

にとどめることができる。ただし、自らが出す最良価格の数量は大口指値の数量より小さくする必要がある。最良価格に大口の売り指値注文が現れたときも、同様に考えればよい。以上を図表5－28により、損失を限定できた場合とできなかった場合をあげて具体的に説明する。

図表5－28　市場流動性活用

MM：マーケット・メイカー
T：投資家
①　時刻10：00：00.000

注文者	売数量	価格	買数量	注文者
T(200)	200	105		
T(100)	100	104		
MM(100)	100	103		
		102		
		101	100	MM(100)
		100	100	T(100)
		99	200	T(200)

マーケット・メイカー（MM）は数量100、売買スプレッドを2、市場仲値102を中心として指値注文を提示している。

② 時刻10:00:01.000

注文者	売数量	価格	買数量	注文者
T(200)	200	105		
T(100)	100	104		
MM(100)	100	103		
		102		
		101	10100	MM(100) T(10000)
		100	100	T(100)
		99	200	T(200)

投資家（T）により、価格101に数量10,000の買い指値が発注された。他の注文状況からみて大口の注文といえる。

③ 時刻10:00:01.100

注文者	売数量	価格	買数量	注文者
T(200)	200	105		
MM(1000) T(100)	1100	104		
		103		
		102	1000	MM(1000)
		101	10000	T(10000)
		100	100	T(100)
		99	200	T(200)

マーケット・メイカー（MM）は大口指値注文を支えとして、自らの売買指値注文価格を1引き上げ、さらに数量も1,000にした。

第5章 アルゴリズム取引戦略

④ 時刻10:00:01.200

注文者	売数量	価格	買数量	注文者
T(200)	200	105		
MM(1000) T(100)	1100	104		
		103		
		102	1000	MM(1000)
T(2000)	2000	101	10000	T(10000)
		100	100	T(100)
		99	200	T(200)

投資家（T）により、数量2,000、価格101の売りの即時執行可能指値注文が発注され、マーケット・メイカー（MM）の価格102の買い指値注文と投資家（T）の価格101の買い指値注文の2つに対当した。

⑤ 時刻10:00:01.200

注文者	売数量	価格	買数量	注文者
T(200)	200	105		
MM(1000) T(100)	1100	104		
		103		
		102		
		101	9000	T(9000)
		100	100	T(100)
		99	200	T(200)

マーケット・メイカー（MM）のポジションは、数量1,000、価格102の買いとなった。

⑥ 時刻10:00:01.202

注文者	売数量	価格	買数量	注文者
T(200)	200	105		
MM(1000) T(100)	1100	104		
		103		
		102	1000	MM(1000)
		101	9000	T(9000)
		100	100	T(100)
		99	200	T(200)

マーケット・メイカー (MM) はあらためて数量1,000、価格102の買い指値注文を出した。
もし、価格104の売り指値注文に対当する注文が現れれば、数量1,000×価格差 (104−102)=2,000の利益が確定する。ここでは、そうならない場合を考える。

⑦ 時刻10:00:02.000

注文者	売数量	価格	買数量	注文者
T(200)	200	105		
T(100)	100	104		
		103		
		102		
MM(1000)	1000	101	9000	T(9000)
		100	100	T(100)
		99	200	T(200)

マーケット・メイカー (MM) は市場に買い注文が入ってこないことから、自らの価格102の買い指値注文の約定を諦め、買いポジションを解消するために価格101の売り指値注文を出した。

⑧　時刻10:00:02.000

注文者	売数量	価格	買数量	注文者
T(200)	200	105		
T(100)	100	104		
MM(100)	100	103		
		102		
		101	8000	T(8000)
		100	100	T(100)
		99	200	T(200)

マーケット・メイカー(MM)のポジションは0となり、数量1,000×価格差(101−102) = −1,000、つまり1,000の損失が確定した。今回は損失を出したが、大口指値注文を利用することで、単位数量当り2の利益をねらいつつ、単位数量当り1の損失に限定することができた。

④'　時刻10:00:01.200

注文者	売数量	価格	買数量	注文者
T(200)	200	105		
MM(1000) T(100)	1100	104		
		103		
T(1000)	1000	102	1000	MM(1000)
		101		
		100	100	T(100)
		99	200	T(200)
T(2000)	2000	98	2000	T(2000)

次に、損失を限定できなかった場合について考える。時間をさかのぼり、もし④において、価格101の大口買い指値注文が取り消されたにもかかわらず自身の価格102の買い指値注文の取消が間に合わず、価格98に数量2,000の買い指値注文があり、価格98、数量2,000の売りの即時執行可能指値注文が発注されたとする。売り注文は、マーケット・メイカー(MM)の価格102を含む買い指値注文に対当する。

⑤' 時刻10:00:01.200

注文者	売数量	価格	買数量	注文者
T(200)	200	105		
MM(1000) T(100)	1100	104		
		103		
		102		
		101		
		100		
		99		
		98	1300	T(1300)

⑤と同様、マーケット・メイカー（MM）のポジションは数量1,000、価格102の買いとなるが、この時点での含み損益は数量1,000×価格差（98−102）＝−4,000から、4,000の損失となった。単位数量当り1の損失に限定できず、単位数量当り4の損失となった。

戦略の要点

この戦略の要点は、収益機会を増やすとともに、マーケット・リスクを管理しながらより良い価格の提示機会を増やすことである。マーケット・リスクを管理しなければ大きな損失が発生するおそれがあるが、本戦略を用いることで、マーケット・リスクによる損失に対して仮想的な下限を設定し、利益に対しては上限がないポジションをつくることができる。つまり、マーケット・リスクを制限しつつ、より良い価格を提示することができる。ただし、損失を限定するには、図表5−28でも説明したように、その大口指値注文がキャンセルなどにより消えてしまう前にその注文を利用する必要がある。

5-3-5 まとめ

最後に、本節で紹介したマーケット・メイキング・アルゴリズムをまとめ

る（図表 5 −29）。

図表 5 −29　マーケット・メイキング・アルゴリズムのまとめ

戦　略	戦略概要
市場仲値参照	売買スプレッドを決めて、市場仲値を中心として、売買両方の指値注文を出す。
自己ポジション参照	主にポジションに応じて、自らの売買指値注文価格の仲値を市場仲値からずらす。
市場実勢価格連動	自らは市場の価格の動きの大勢に遅れずについていく。他参加者の変化していない指値注文が価格の動く向きから判断して取り残された最良価格の指値注文になったとき、その注文をとることで収益を得ることもできる。
市場流動性活用	市場に大口指値注文が現れたとき、その指値注文の買い・売りに応じて、価格刻み幅最小単位分だけ、買いならば大きい、売りならば小さい価格で指値注文を出す。

COLUMN ❹

マーケット・リスク管理機能を明示的に組み込んだ 単純なマーケット・メイキング・アルゴリズム

　本コラムでは、テイク注文によるマーケット・リスク管理機能を明示的に含むマーケット・メイキング・アルゴリズムの簡単な具体例を紹介する。5－3で紹介したマーケット・メイキングの戦略では、5－3－2のようにマーケット・リスクの低減を目的として指値注文価格を調整することはあるものの、たとえば買いポジションを抱えてから売り指値注文が約定して損益確定するとき、損失に限界がないものとなっている。しかし、実務的には、損失に限界がないことを許容せず、なんらかの意味で損失を限定することが望ましい場合が多い。そのためには、未約定リスクがほぼないテイク注文をマーケット・メイキング・アルゴリズムに組み込めばよい。

　損失を限定するために、ここではシンプルでわかりやすい、保持可能なポジションに対して上限を設定したアルゴリズムを考える。ポジションに対して上限を設定することで、大きなポジションを保持し続けたために損益確定時に大きな損失が発生するといった事態を避けることができる。

　具体的なアルゴリズムは、5－3－1のアルゴリズムに従いマーケット・メイキングをしつつ、マーケット・リスク管理機能として買いまたは売りポジションの数量がある一定値N以上になったときに、ポジションの数量すべての売りまたは買いのテイク注文を出すものとする。テイク注文を用いることで未約定リスクを抑えてポジションを小さく保つことができる。

　以上を図表5－30により具体的に説明する。そこでは初期ポジションを数量900の売り、テイク注文のきっかけとなる数量N＝1,000としている点に注意する。この例により、ポジションを減らすことで損失を軽減しうることが確認できる。

　なお、ポジション保持から損益確定までの間の損失を限定するといっても、損失額そのもの、単位数量当りの損失、単位価格変動当りの損失といった、いろいろな限定の仕方が考えられる。どのようにして損失を限定するかについては、実務上の要求にあわせて決定することになる。

図表5−30 テイク注文によるポジション制御を伴うマーケット・メイキング

MM：マーケット・メイカー、テイク注文のきっかけとなる数量Nは1,000。
T：投資家

① 時刻10:00:00.000

注文者	売数量	価格	買数量	注文者
T（800）	800	105		
T（300）	300	104		
MM（100）	100	103		
		102		
		101	100	MM（100）
		100	300	T（300）
		99	800	T（800）

マーケット・メイカー（MM）について、ポジションは数量900、価格103の売りとなっており、数量100、売買スプレッドを2、市場仲値102を中心として指値注文を提示している。

② 時刻10:00:01.000

注文者	売数量	価格	買数量	注文者
T（800）	800	105		
T（300）	300	104		
MM（100）	100	103	100	T（100）
		102		
		101	100	MM（100）
		100	300	T（300）
		99	800	T（800）

投資家（T）により、価格103数量100の買い注文が発注され、マーケット・メイカー（MM）の価格103の注文と対当した。

③ 時刻10:00:01.000

注文者	売数量	価格	買数量	注文者
T(800)	800	105		
T(300)	300	104		
		103		
		102		
		101	100	MM(100)
		100	300	T(300)
		99	800	T(800)

マーケット・メイカー(MM)のポジションは数量1,000、価格103の売りポジションとなった。マーケット・メイカー(MM)のポジションの大きさがN=1,000以上となった。

④ 時刻10:00:01.002

注文者	売数量	価格	買数量	注文者
T(800)	800	105	700	MM(700)
T(300)	300	104	300	MM(300)
		103		
		102		
		101	100	MM(100)
		100	300	T(300)
		99	800	T(800)

マーケット・メイカー(MM)は売りポジションを解消するため、買い注文を出す。価格105までに売り指値注文があるので、それらに対して合計数量1,000となるように買い指値注文を出した。

第5章 アルゴリズム取引戦略

⑤　時刻10:00:01.002

注文者	売数量	価格	買数量	注文者
		108		
		107		
		106		
T(100)	100	105		
		104		
		103		
		102		
		101	100	MM(100)
		100	300	T(300)
		99	800	T(800)

マーケット・メイカー（MM）のポジションは0となり、数量300×売買価格差（103−104）+数量700×売買価格差（103−105）=−1,700、つまり1,700の損失が確定した。この後、あらためてマーケット・メイキングを再開する。

④'　時刻10:00:01.100

注文者	売数量	価格	買数量	注文者
T(800)	800	108		
T(300)	300	107		
MM(100)	100	106		
		105		
		104	100	MM(100)
		103	300	T(300)
		102	800	T(800)
		101		

ここで過去にさかのぼって、仮に④でテイク注文を出さず売りポジションを保持したまま、通常のマーケット・メイキングを継続したとする。その後、板の状況が変化し、市場仲値105となっている。この板で売りポジション1,000をすべて解消したとすると、数量300×売買価格差（103−107）+700×(売買価格差（103−108）=−4,700、つまり4,700の損失となる。⑤と比べると損失が1,700から4,700に増える。

5-4 裁定アルゴリズム

　裁定アルゴリズムを、その裁定機会の確度に応じて、同一商品間裁定、理論的裁定、統計的裁定に分類して説明する。同一商品間裁定はだれからみてもゆがみが明白で裁定機会が解消する可能性は最も高い。理論的裁定がそれに続くもので、商品の理論価格などを通じた裁定機会を利用するものである。統計的裁定は、なんらかの統計分析に基づく裁定機会を利用したもので、すべての人に明白な裁定ではなく、裁定機会が解消する可能性は相対的に低い。

5-4-1　同一商品間裁定

　本書において、一物二価の状況を利用する裁定取引を同一商品間裁定と呼ぶことにする。同一商品間裁定の特徴は、安いものを買い、高いものを売ることができれば、その後はほぼ無リスクで利益を獲得できることである。この取引は投資家にとっても非常に魅力があり、多くの投資家がそれをねらっている。よって、多くの投資家よりも速く約定させることが必要となり、スピードが最も重要な要素となってくる。

　同一商品間裁定には以下のような例がある。

・異市場間裁定
・先物ラージ-先物ミニ間裁定
・先物-オプション間裁定
・スプレッド裁定
・三角裁定（為替）

　異市場間裁定は、同じ商品が異なる市場に上場している場合に、その商品の市場価格の乖離をとらえる裁定戦略である。たとえば、ある銘柄の株が東証とPTSで取引可能であるとする。ある瞬間、東証では100円で買うことが

でき、PTSでは100.1円で売ることができれば、それが裁定機会となる。

　先物ラージ－先物ミニ間裁定は、本質的に同じ先物商品であるが売買制度により異なる商品として上場しているときに、それらの価格の乖離をとらえる裁定戦略である。たとえば、大阪取引所では、ともに日経平均株価を対象指数とする日経225先物と日経225miniが上場されている。これらは呼値の単位や取引単位が異なりはするが、同じ指数を参照する本質的に同じ商品である。裁定機会の例としては、日経225先物の呼値の単位が10であるのに対して、日経225miniの呼値の単位は5であるので、日経225先物の価格が15,000円のとき、日経225miniの価格が15,005円となることがある。

　先物－オプション間裁定は、コール・オプションとプット・オプションおよび原資産の価値の間には、プット・コール・パリティと呼ばれる関係が成り立っており、その関係のくずれをとらえる裁定戦略である。同じ権利行使価格、同満期のコール・オプションとプット・オプションを組み合わせることで、先物と同じ効果を得ることができる。

　スプレッド裁定は、スプレッド市場のスプレッドの価格と対応する銘柄ペアの価格差の乖離をとらえる裁定戦略である。スプレッド市場では、異なる銘柄の売りと買いのセットを単一の取引で行うことができる。一方、銘柄ペアは、スプレッド市場と別の市場で取引され、スプレッド市場の価格と銘柄ペアの価格は独立している。たとえば、大阪取引所では日経225先物の期近限月と期先限月、およびそれらのカレンダー・スプレッドが上場されている。このカレンダー・スプレッドの価格と、期近の先物価格と期先の先物価格の差に乖離が生じれば、裁定機会となる。

　三角裁定は、3通貨間のレートの乖離をとらえる裁定戦略である。たとえば、ドル／円、ユーロ／ドルを組み合わせて売買を行うことにより、実質的にユーロ／円の売買が可能である。そこで、実際のユーロ／円のレートと組み合わせて計算されるユーロ／円のレートとの間にゆがみが生じれば、裁定機会となる。

5-4-2 理論的裁定

本書では、金融工学の理論やなんらかのモデルに基づいた商品の理論価格と市場価格との乖離をとらえる裁定戦略を、理論的裁定と呼ぶことにする。

理論的裁定は、同一商品間裁定と異なり、実際の乖離をとらえるために理論価格の算出が必要となる。したがって、だれでもすぐに認識できる裁定機会とはならず、裁定機会の解消にも時間がかかる場合もある。

理論的裁定には以下のような例がある。
・先物−現物裁定
・ETF−現物裁定
・異限月間裁定

先物−現物裁定は、先物の市場価格と理論価格の乖離をとらえる裁定戦略である。たとえば株式先物の理論価格は、現物価格以外に決済までの金利や配当利回りに依存し、

> 理論価格
> ＝現物価格×{1＋(短期金利−配当利回り)×決済までの日数÷365}

で与えられる。先物取引最終日には決済までの日数が0となるので、現物価格と一致する。先物の市場価格が理論価格を上回れば先物は割高、下回れば割安となる。裁定取引（エントリー）は、先物が割高であれば先物を買い現物を売り、先物が割安であれば逆を行うことである。なお、この取引は先物の理論価格が現物価格以外の金利にも依存するので、先物と現物の価値は同一ではないことに注意が必要である。裁定取引（エントリー）から裁定取引（イグジット）までの時間が短ければ、短期金利や配当利回りの価格変化の影響は小さい。一方、先物取引最終日にはゆがみは完全に解消するが、先物取引最終日に反対売買しても利益が得られない場合がある。

ETF−現物裁定は、ETFの市場価格とETFの理論価格との乖離をとらえる裁定戦略である。ETFの理論価格の代替として現物や現物のバスケット取引が用いられる。たとえば、金のETFであれば、金の現物が理論価格の

代替となる。またETFが日経225ならば、日経225の構成銘柄のバスケット取引がそれにあたる。

　異限月間裁定は、異限月の先物の市場価格による差と、理論価格による差の乖離をとらえる裁定戦略である。異限月間の先物には、ある乖離が常に存在しているが、その乖離が広がる状態が長時間存在しないという前提のもとで行う。裁定機会が生じた瞬間、割安な限月の先物を買い、割高な限月の先物を売る。

5-4-3 統計的裁定

　統計的裁定戦略とは、統計的分析による推定値と市場価格との間のなんらかの統計的ゆがみをとらえる戦略である。他の投資家が気づいていない統計的なゆがみがあれば、裁定ポジションをとることは比較的容易である。統計的裁定では、同一商品間裁定や理論的裁定に比べて、発生した裁定機会が解消しない可能性は大きい。これは、統計的裁定はあくまで過去データから裁定機会を推定しているにすぎず、他の裁定戦略におけるような他の多くの投資家にとっての明白なゆがみではないからである。そして、もしゆがみが解消しなければ、保有したポジションによっては、多大な損失を被る可能性がある。そこで、統計的裁定では、ゆがみが発生したと判断できるタイミングやゆがみが解消する可能性などを十分に検証する必要がある。

　また、統計的裁定は他の裁定戦略に比べて、スピードが格段に遅いことも特徴である。これは投資家ごとに使用している統計的分析手法が異なるので、発見した裁定機会が比較的に長い時間消滅せずに残る場合があるためである。

　統計的裁定の例としては、ペア・トレードやオプションのボラティリティ裁定がある。ペア・トレードは、相関が高い2つの商品を考え、価格にゆがみが生じたときをとらえる裁定戦略である。代表的なペア・トレードの例としては、日経225先物とTOPIX先物のペア・トレードなどがある。ペアとなる銘柄の選択には、マルチファクター・モデルなどが用いられることも多

い。ペアとなる銘柄の価格の乖離が大きくなれば、割安なほうを買い、割高なほうを売る。なお、マーケットの動きに対してポジションがニュートラルになるように売買数量を調節している。

オプションのボラティリティ裁定は、オプションのインプライド・ボラティリティとボラティリティ・サーフェスとの乖離をとらえる裁定戦略である。あるオプションのインプライド・ボラティリティがボラティリティ・サーフェスよりも大きければそのオプションは割高、小さければ割安と考える。

5-4-4 まとめ

裁定系戦略は、図表5-31のようにまとめられる。

図表5-31 裁定アルゴリズムのまとめ

裁定戦略	裁定機会消滅の根拠	求められるスピード	具体例
同一商品間裁定	一物二価	数マイクロ秒～数ミリ秒	異市場間裁定 先物ラージ－先物ミニ間裁定 先物－オプション間裁定 スプレッド裁定 三角裁定（為替）
理論的裁定	金融工学などの理論	数マイクロ秒～数ミリ秒（同一商品間裁定に比べて低速）	先物－現物裁定 ETF－現物裁定 異限月間裁定
統計的裁定	統計的分析	数ミリ秒～数秒	ペア・トレード ボラティリティ裁定

5-5　ディレクショナル・アルゴリズム

　ディレクショナル・アルゴリズムの代表的な戦略を紹介する。最初に、値動きのメカニズムを想定して取引を行う戦略として、トレンドフォロー、モメンタム・トレーディング、ミーン・リバージョン、レンジ・トレーディング、先行指標戦略を紹介する。次に、ニュースやある特定のイベントに特化したニュース／イベント・ドリブンと、小さな利幅で取引を繰り返すスキャルピングを紹介する。

5-5-1　トレンドフォロー（Trend Following）

　トレンドフォローとは、過去時点で発生し現在まで続くトレンドが継続して未来の一定期間までも続くことを期待して、そのトレンドに従うように取引を行う戦略である。

　トレンドとは、市場価格が上昇または下降のどちらかひとつの方向に向かって継続的に動くことを指す。そして、価格はトレンドに従っている、あるいはトレンドをもっているともいう。市場価格が継続的に上昇しているなら価格上昇トレンド、継続的に下降しているなら価格下降トレンドという。

　価格がひとつの方向に継続的に動いていく期間をトレンドのタイムスケールという。トレンドの認識には、必ずタイムスケールが伴う。たとえば、同じ時点でも、あるタイムスケールでは上昇トレンドだが、別のタイムスケールでは下降トレンド、また別のタイムスケールではトレンドがないといったように、タイムスケールごとにトレンドは異なる。

　トレンドフォローでは、まずトレンドの認識を行い、価格上昇トレンドであれば買い取引、価格下降トレンドであれば売り取引を行う。その後、期待どおりトレンドが続けば、適当なタイミングでポジションをクローズして利益を確定する。

トレンドが発生する要因としては、たとえば、次のものがある。
- 企業やマーケットのファンダメンタルズや期待の変化
- ニュースなどの情報の伝搬
- 市場参加者のトレンドへの追随によるトレンドの増大

　発生したトレンドの認識を行うよく知られた方法として、移動平均を使用する方法がある。移動平均を使う方法では、たとえば5分での株価の移動平均が、1時間での株価の移動平均を超えた時点で上昇トレンドが発生していることを認識し、逆に下回った時点で下降トレンドが発生していることを認識する。ほかにも、観測されている指値注文の厚い価格帯や過去一定期間での最高値や最安値など、市場で意識される価格帯を超えたときにトレンドを認識する方法や、ニューラル・ネットワークなどの機械学習や統計学の手法を用いたトレンド認識方法もある。

5-5-2　モメンタム・トレーディング（Momentum Trading）

　モメンタム・トレーディングとは、モメンタムへの追随、もしくはモメンタム発生の予測に基づいて取引を行う戦略である。

　モメンタムとは相場の勢いやはずみ、速度を表す概念である。価格が上方向または下方向に勢いをもって動くとき、「その価格はモメンタムをもっている」などという。モメンタムはトレンドと似た概念であり、文献によっては区別をしていないものもあるが、本書では区別する。

　本書では、モメンタムはトレンドのように長く継続するものではなく、より短期で一過性の上昇または下落の価格変動と定義する。たとえば、ストップロスの連鎖などで瞬間的に価格が下落するような場合はトレンド発生ではなくモメンタム発生としている。

　モメンタムへ追随する場合はトレンドフォロー戦略と同様、モメンタムを認識し、それが将来の短い時間も続くことを期待して売買する。たとえば、前日の終値と当日の始値が大きく乖離しているオープンギャップがあること

でモメンタムを認識して行う戦略では、次のようなアルゴリズムになる。前日の終値より当日の始値が高ければ上昇モメンタムを認識して買い、その後価格が上がったところで売る、逆に前日の終値より当日の始値が低ければ下降モメンタムを認識して売り、その後価格が下がったところで買い戻す。

モメンタム発生の予測に基づいて取引をする場合は直近のマーケットデータや板情報、ニュースなどの情報から短期的な価格の予測を行い、それに基づいて売買する。この予測には、機械学習や時系列解析などの技術が活用されてきている。

5-5-3 ミーン・リバージョン（Mean Reversion）

ミーン・リバージョンとは、価格変動が起こった時、その価格はやがて均衡価格へ戻っていくという想定のもとで行う取引戦略の総称である。

需要と供給のバランスのとれた市場価格を均衡価格という。均衡価格からいったん乖離した価格が再び均衡価格に戻ってくることを、平均回帰という。価格は、需要と供給の均衡が一時的に崩れると変動する。すなわち、買いが多ければ価格は上がり、売りが多ければ価格は下がる。価格が均衡価格から乖離しても、いずれ需要と供給の不均衡は是正され、価格は均衡価格を目指すと考える。実際には、均衡価格から乖離した価格が再び均衡価格に回帰する過程で市場価格はその均衡価格を超えて行き過ぎたり、戻り過ぎたりすることもある。

この平均回帰の性質は常に成り立つわけではないが、ある特定の状況では高い確率で平均回帰的に価格が動いていると考えられる。ミーン・リバージョンをとる投資家は、そのような状況でのみ取引を行う。

ミーン・リバージョンの具体的な売買手順は、次のとおりである。まず、価格が変動した際、それが平均回帰的かどうかの判断を行う。そして、平均回帰的であると判断すれば、均衡価格もしくは均衡価格がある範囲を推計し、実際の価格がその価格よりも高ければ売り、低ければ買う。その後、実際の価格が推計した均衡価格の方向へ動けば、利益を得ることが可能とな

る。

　均衡価格の推計方法には、移動平均を均衡価格とする方法や、線形モデルや非線形モデルなどの統計モデルを使用して算出する方法などがある。また、推計に使用するデータとして、対象となる資産の価格の過去データだけでなく、財務情報やニュース情報や他の資産のマーケットデータを使用する場合もある。

　均衡価格と実際の価格の乖離を表す指標には、価格の分散や標準偏差を使う場合もある。たとえば、テクニカル指標のボリンジャーバンドを用いて、乖離の程度を認識する。ほかに、過去の類似状況から均衡価格との乖離を推計する方法などもある。

5-5-4　レンジ・トレーディング（Range Trading）

　レンジ・トレーディングとは、値動きがある範囲の間で推移すると想定し、その範囲の上限付近で売る、また下限付近で買う戦略である。期待どおり価格が範囲の上限または下限で跳ね返されれば、その後ポジションをクローズして利益をあげることができる。この想定される価格の範囲の上限のことをレジスタンス、下限のことをサポートという。

　レンジ・トレーディングの実行者は、まず値動きの範囲を特定する必要がある。この値動きの範囲の上限と下限は、指値の厚い価格帯や直近の高値、安値など市場に意識されやすい価格帯がよく用いられる。また、価格の標準偏差を使って範囲を決定する場合もある。

　価格が想定した範囲を明確に上抜け、もしくは下抜けし、新たにトレンドが始まることをブレイクアウトという。ブレイクアウトが起こった場合、レンジ・トレーディング実行者は損切りを行うことになる。

　なお、レンジ・トレーディングとミーン・リバージョンとは似た取引ルールとなることがある。しかし、レンジ・トレーディングではミーン・リバージョンと異なり、均衡価格を意識した取引は行っていない。また、ミーン・リバージョンでは、ブレイクアウトを認識せず損切りも行わない。

5-5-5 先行指標戦略

本書では、特定の資産やポートフォリオの価格に対して先行して動く資産価格や指標を発見し、その動きから予測を立てて取引を行う戦略を、先行指標戦略と呼ぶ。戦略実行者は、先行遅行関係が成り立っている状況や銘柄があるかどうかを観察し、またその関係がどの程度続くのかを注意深く見極める必要がある。特に、先行遅行関係が成り立っているようにみえるものが、実はただの相関関係かどうかの見極めは重要である。

先行遅行関係をもつ典型的な例としては、同じ銘柄での先物と現物間の関係、同一または関連業種内での銘柄間の関係、インデックスとその個別構成銘柄間の関係、金利と株価の関係、為替のレートと輸出企業や輸入企業の株価などの関係を考えることができる。

同一または関連業種内では、リーディングカンパニーの株価や決算情報などから業種全体が評価されて、やがて他の銘柄の株価が追随する状況などがある。インデックスと個別銘柄間の関係としては、日経225のようなインデックスは日本株式市場全体を表す先導指標として多くの市場参加者に受け入れられており、日本経済全体にインパクトを与えるようなニュースの後など、個別株に先行して動くような状況もある。そのほか、金利や為替レートなどによって影響を受ける企業の株価は、金利や為替レートが動いた後に遅れて動く場合などがある。

5-5-6 ニュース／イベント・ドリブン（News/Event-Driven）

ニュース／イベント・ドリブンとは、企業のニュースリリースや経済指標の発表、要人の発言などの市場価格を動かすようなニュースやイベントに対して、内容と価格の値動きを予測し事前に取引を行う、もしくは他の市場参加者より早く反応することで利益を得ようとする戦略である。

ニュースやイベントの例としては、マクロ経済統計発表（GDP、雇用統計

等)、要人発言(企業関係者、政府関係者等)、中央銀行の発表(金利、通貨供給量等)、企業発表(財務、決算、企業買収等)、業界ニュース(規制情報等)、天変地異、政治ニュース(選挙、テロ等)といったものなどがあげられる。

　企業ニュースのなかでは配当金額や株式分割に関する発表は、株価に大きなインパクトを与えうる。ほかに、日経平均株価などのインデックスの構成銘柄の入替発表なども影響が大きい。

　ニュース情報やイベントの情報が、もし市場に織り込まれていない新鮮なもので、かつ市場を驚かせるような内容であれば、価格は大きく動く。一方で、ニュース・イベントの内容が事前に市場に予想されており、実際の発表もそのとおりであれば、市場はすでにその情報を織り込んで価格形成を行っているはずであり、価格の動きは小さい。またそのニュース・イベントが市場の想定していた期待に達しなかった場合や、情報が出尽くしたと市場が判断した場合には、内容自体の良し悪しとは逆の方向に価格が動くこともある。たとえば決算発表で増収増益であったとしても、市場の期待を下回っていた場合、失望から価格が下落することもある。逆に減収減益発表されたとしても、市場が思っていたほど悪くなかった場合や、これ以上悪いニュースは出ないだろうと市場に判断された場合には、価格は上昇することもある。

　この戦略の実行者は、株価に影響を与えたニュース・イベントについて過去のデータを収集、分析し、次に同様のニュース・イベントが起こったときのマーケットの動きを予測して取引を行う。

　統計発表や企業発表など、あらかじめ周知されており、また定期的に発表があるようなイベントは、戦略実行者にとって分析が行いやすい。過去のイベントが起こった時間帯のデータを集めて評価を行い、次のイベントでのマーケット変動を予測する。ニュースがマーケットに与えるインパクトの評価としては、そのニュースが統計発表などの数値の発表の場合には、自己回帰分析などの統計的な予測と実績値との差から測る方法や、アナリストに合意された予測と実績値との差から測る方法などがある。

　企業ニュースやソーシャル・ネットワーキング・サービス、その他WEB

サイトなどのテキストデータに対しては、機械学習や自然言語処理の手法を用いて分析を行う。たとえば、ニュースのテキストデータから、そのニュースが市場にとってポジティブな情報なのかネガティブな情報なのかを判別し、ポジティブであれば価格が上がると予測し、ネガティブであれば価格が下がると予測するといったものとなる。

ニュースなどの情報はテキストデータであり、また情報源も、情報ベンダー、ブログ、ソーシャル・ネットワーキング・サービス、電子掲示板など、1カ所からではなくさまざまなメディアから発信されているため、一見、機械が扱いにくいだろうと感じるかもしれない。しかし、金融情報ベンダーのニュースやソーシャル・ネットワーキング・サービスの情報などは機械が読みやすいようにフォーマットが整えられているほか、さまざまなメディアから発信された情報を収集して再配信する業者もある。

情報の出所が多様化するなかで、その情報の信頼性が重要な問題となってくる。したがって、この戦略の実行者は、ニュース・イベントへの反応速度を高めつつも、そのニュースが誤報でないかどうかを見極めることも含め、マーケットへの影響度の評価の品質を向上させる工夫が求められる。

5-5-7 スキャルピング（Scalping）

スキャルピングとは、1ティックや2ティックなど、小さな値幅で利益を確定するような取引を何度も繰り返すことで収益をねらう戦略である。ポジションをもつ時間は、1秒未満から長くても数時間程度と短い。この戦略は十分な利益を獲得するために多くの取引を行うことになるため、売買手数料が多くかかる。1回の売買当りでの利益が、売買手数料よりも大きいことが前提となる取引戦略である。値動きの予測に関してはさまざまな手法でごく短期的な予測を行う。

スキャルピング戦略の例として、ティッキング（ticking）と呼ばれる戦略を説明する。スプレッドが3ティック以上で、なおかつ価格の上昇を予測している状況を考えよう。この時、最良買い気配値より1ティック上の価格へ

買い指値注文を出す。その注文が約定したらすみやかに最良売り気配値より1ティック下の価格へ売り指値注文を出す。価格が期待どおりに上がり売り注文も約定すれば、最低1ティックの利益が出る。価格が逆方向に動いた場合には、もともとあった最良買い気配値で売る。こうすることで、損失を1ティックと売買手数料分で抑えることができる。

図表5－32　ティッキングの例

T：ティッキング実行者
MM：マーケット・メイカー
T1：売りたい投資家
T2：買いたい投資家

① 時刻9:10:00.000

注文者	売数量	価格	買数量	注文者
MM(100)	100	105		
MM(100)	100	104		
		103		
		102	100	T(100)
		101	100	MM(100)
		100	100	MM(100)

スプレッドが2ティック離れていたので、ティッキング実行者（T）がティッキングを行う。
最良気配内指値注文で、数量100の買い注文を102円に入れた。

② 時刻 9:11:01.000

注文者	売数量	価格	買数量	注文者
		105		
MM(100)	100	104		
		103		
T1(100)	100	102	100	T(100)
		101	100	MM(100)
		100	100	MM(100)

買いの最良気配内指値注文が出たので、売りたい投資家（T1）が、売りのテイク注文でティッキング実行者（T）の102円数量100の注文をとった。

③ 時刻 9:11:01.100

注文者	売数量	価格	買数量	注文者
		105		
MM(100)	100	104		
T(100)	100	103		
		102		
		101	100	MM(100)
		100		

102円で在庫を抱えたティッキング実行者（T）は、すぐ上の価格である103円に最良気配内指値注文で、数量100の売り注文を入れた。

④ 時刻 9:12:00.000

注文者	売数量	価格	買数量	注文者
		105		
MM(100)	100	104		
T(100)	100	103	100	T2(100)
		102		
		101	100	MM(100)
		100	100	MM(100)

最良気配内指値注文が出たので、買いたい投資家（T2）が、買いのテイク注文でティッキング実行者（T）の注文をとった。

結果、ティッキング実行者（T）は、スプレッド1円分をマーケットから抜くことに成功した。

5-5-8 ま と め

最後に、本節で紹介したディレクショナル・アルゴリズムを図表5-33にまとめる。

図表5-33　ディレクショナル・アルゴリズムのまとめ

戦　　略	戦略概要
トレンドフォロー (Trend Following)	なんらかの方法でトレンドを認識し、トレンドと同じ方向のポジションをとり、適当なタイミングでポジションを閉じることで収益を得る戦略
モメンタム・トレーディング (Momentum Trading)	短期で一過性の上昇または下落の価格変動であるモメンタムへの追随、もしくはモメンタム発生の予測に基づいて取引を行う戦略
ミーン・リバージョン (Mean Reversion)	市場価格が均衡価格から乖離した場合、その乖離が解消する想定でポジションをとる戦略
レンジ・トレーディング (Range Trading)	値動きがある範囲の間で推移すると想定し、その範囲の上限付近で売る、また下限付近で買う戦略
先行指標戦略	特定の資産やポートフォリオの価格に対して先行して動く資産価格や指標を発見し、その動きから予測を立てて取引を行う戦略
ニュース／イベント・ドリブン (News/ Event-Driven)	市場価格を動かすようなニュースやイベントに対して、内容と価格の値動きを予測し事前に取引を行う、もしくは他の市場参加者より早く反応することで利益を得ようとする戦略
スキャルピング (Scalping)	1ティックや2ティックなど、小さな値幅での利益を確定するような取引を何度も繰り返すことで収益をねらう戦略

5-6 　市場操作系アルゴリズム

本節では、自己に有利な状況をつくるために、他の取引参加者に市場の状況についてなんらかの誤認を与えるなど、市場操作をはじめとした不正な要素を含むものをまとめた。

5-6-1 　フロントランニング（Front-running）

フロントランニングとは、ブローカーが顧客からの委託注文情報等を利用して、委託執行をする前に、自己に有利な自己売買を行うことである。フロントランニングは、金融商品取引法で禁止されている。

たとえば、顧客から大口の買い注文をテイク注文として委託されたとする。その注文を執行すると、マーケット・インパクトにより値段が上昇することが期待できる。そこで、ブローカーは、顧客の注文に先んじ、自己の買い注文を入れポジションを確保した後、顧客の委託注文がすみやかに約定するように手配する。顧客の委託注文の約定のマーケット・インパクトによる価格上昇後、自己のポジションを反対売買することにより、ブローカーはほぼ確実に利益を得ることができる。

フロントランニングを実行するためには、ブローカーは委託注文を受けた後、その委託注文のマーケット・インパクトを評価する。そして、自己の取引および反対売買の取引コストを予測することで、フロントランニングで利益をあげられる水準の自己売買数量を評価する。

なお、フロントランニングという言葉は、一般の情報源から取引情報を取得して、その取引が行われる前に取引を行う場合にも用いられることがある。この場合は、もちろん違法ではない。しかし、本書では、他者の取引情報を不公正に利用し自己の便益を図る違法な取引に限り、フロントランニングと呼称する。

図表5−34 フロントランニングの例

FR：フロントランニング実行者
CU：フロントランニング実行者の顧客
MM：マーケット・メイカー
T：投資家

① 時刻 9:10:00.000

注文者	売数量	価格	買数量	注文者
		買成行		
		108以上		
MM(3000)	3000	107		
MM(1500)	1500	106		
MM(300)	300	105		
MM(200)	200	104		
		103		
		102	200	MM(200)
		101以下	4800	MM(4800)

フロントランニング実行者（FR）は、自身の顧客（CU）から、数量2,000の買いの成行注文の委託を受けた。

② 時刻 9:10:00.200

注文者	売数量	価格	買数量	注文者
		買成行		
		108以上		
MM(3000)	3000	107		
MM(1500)	1500	106		
MM(300)	300	105		FR(300)
MM(200)	200	104		FR(200)
		103		
		102	200	MM(200)
		101以下	4800	MM(4800)

フロントランニング実行者（FR）は、自身の顧客（CU）の数量2,000の買い注文により価格が上がることを見越して、合計数量500の買いを入れた。フロントランニング実行者（FR）は、平均104.6円で数量500の買いポジションを取得した。

③ 時刻 9:10:00.201

注文者	売数量	価格	買数量	注文者
		買成行	2000	CU(2000)
		108以上		
MM(3000)	3000	107		
MM(1500)	1500	106		
		105		
		104		
		103		
		102	200	MM(200)
		101以下	4800	MM(4800)

フロントランニング実行者（FR）は、自身の注文に続けて、自身の顧客（CU）の注文を執行した。

④ 時刻 9:10:00.202

注文者	売数量	価格	買数量	注文者
		買成行		
		108以上		
MM(2500)	2500	107		
FR(500)	500	106		
		105		
		104		
		103		
		102	200	MM(200)
		101以下	4800	MM(4800)

顧客（CU）の注文を執行したことにより、最良売気配値がさらに上昇した。フロントランニング実行者（FR）は、顧客（CU）の注文に続けて反対売買を入れ、板の先頭に並んだ。

⑤ 時刻 9:10:00.300

注文者	売数量	価格	買数量	注文者
		買成行		
MM(4500)	4500	108以上		
MM(300)	300	107		
MM(200) FR(500)	700	106		
		105		
		104	200	MM(200)
		103	300	MM(300)
		102以下	4500	MM(4500)

マーケット・メイカー（MM）は、板の変化を反映し、指値を変更した。

⑥ 時刻 9:10:05.000

注文者	売数量	価格	買数量	注文者
		買成行		
MM(4500)	4500	108以上		
MM(300)	300	107		
MM(200) FR(500)	700	106	500	T(500)
		105		
		104	200	MM(200)
		103	300	MM(300)
		102以下	4500	MM(4500)

価格の上昇を見込んだ投資家（T）の買い注文により、フロントランニング実行者（FR）の反対売買が約定した。フロントランニング実行者（FR）は労せずして700円の利益を得た。

5-6-2 スプーフィング（Spoofing）

スプーフィングとは、複数の価格に大量の注文を出し、他の投資家の市場流動性の予測や需要の予測を誤認させる戦略である。これにより、実行者の意図した方向にマーケットを動かすと同時に、ほしい方向の流動性を呼び込むことを期待する。そのため、売買収益の獲得や、大量執行の取引コストの削減にも利用できる。

スプーフィングはレイヤリング（5－1－8参照）と同様に複数の価格に多数の注文を並べる戦略である。レイヤリングとの違いは、スプーフィングは他の投資家の市場流動性の予測や需要の予測を誤認させることを目的としており、売買の意思はないのに対し、レイヤリングは、板の先頭争いなどを目的としており、売買の意思はあるという点である。しかし、両者はともに大量の注文や取消しを伴うので、しばしば混同される。スプーフィングは、基本的には、マーケットの方向をコントロールしようとする意図があるため、売りまたは買いの片側のみなど、偏りのある注文が並べられる。

図表 5－35　スプーフィングの例

SP：スプーフィング実行者
T1：投資家 1
T2：投資家 2

① 時刻 9:10:00.000

注文者	売数量	価格	買数量	注文者
		106以上		
SP(500)	500	105		
		104		
		103	300	T1(300)
		102		
		101	500	T2(500)
		100		
		99以下		

スプーフィング実行者（SP）は、105円で数量500を売却したいと考えている。
一方、投資家（T1）は、数量300を買いたいと考えており、とりあえず103円に数量300の買い注文を出した。他の投資家（T2）は101円で数量500の買い注文を出している。

② 時刻 9:10:10.000

注文者	売数量	価格	買数量	注文者
		106以上		
SP(500)	500	105		
		104		
		103	300	T1(300)
		102	500	SP(500)
		101	8500	T2(500) SP(8000)
		100	15000	SP(15000)
		99以下	30000	SP(30000)

スプーフィング実行者（SP）は、最良買気配値よりも低い価格に複数の大きい数量の注文を入れることで、大きな買いの流動性があるようにみせかけた。

③ 時刻 9:10:20.000

注文者	売数量	価格	買数量	注文者
		106以上		
SP(500)	500	105	300	T1(300)
		104		
		103		
		102	500	SP(500)
		101	8500	T2(500) SP(8000)
		100	15000	SP(15000)
		99以下	30000	SP(30000)

数量300の買いポジションのほしい投資家（T1）は、大きな買い需要の発生により最良売気配値が大幅に引き上げられることを懸念し、103円の買い指値を取り消し105円に買いのテイク注文を入れてほしい数量を約定させた。これにより、スプーフィング実行者（SP）は、自己の105円の売り注文の一部を約定させることができた。

④ 時刻 9:10:30.000

注文者	売数量	価格	買数量	注文者
		106以上		
SP(200)	200	105		
		104		
		103		
		102		
		101	500	T2(500)
		100	8000	SP(8000)
		99以下	45000	SP(45000)

買い指値を約定させる意思はないスプーフィング実行者（SP）は、買い板の先頭に並ぶことになってしまったため、101円と102円の買い指値をすべて取り消した。
残りの数量200も105円で売るために、買い板に100円以下の複数の大きい数量の注文を入れ直し、流動性があるようにみせかけ続けた。

5-6-3 ストロビング（Strobing）

ストロビングとは、大量の注文を発注し、すぐに取り消すことにより、流動性があるかのようにみせかける戦略である。

ストロビングは、他の取引参加者のマーケット認識を誤認させることで、他の取引参加者の約定に想定以上のマーケット・インパクトを発生させることや、市場価格を誘導することに用いられる場合がある。

高速なアルゴリズムであれば、ストロビングによる注文も含め板のすべての変化を利用して売買判断をすることができるだろう。一方、低速なアルゴリズムや人間が板情報を利用する場合、板の変化をすべて追うことはできず、一定タイミングごとの断面で把握して投資に活用することになる。今、市場にストロビングを行っている投資家がいて、別の投資家が板を作成して把握するタイミングではストロビングによる注文があり、それ以外のタイミングではストロビングによる注文がキャンセルされているとする。この場合、別の投資家が板上にみえている注文を、テイク注文によりとるのは難しい。

5-6-4 モメンタム・イグニッション（Momentum Ignition）

モメンタム・イグニッションとは、特定方向に積極的に注文を出すことで、他の投資家やアルゴリズムが急速な価格変動が起こると誤認させ、モメンタムの発生を誘発する戦略である。急速な価格変動が起こると誤解した他の投資家やアルゴリズムからの注文によりモメンタムが発生する。特に、指標発表直後などの、モメンタムが発生しやすい状況で用いられる。

モメンタム・イグニッションを行う投資家は、あらかじめ価格を大きく動かさないようなやり方でポジションを獲得しておき、モメンタムの発生と同時に含み益を得る。

5-6-5 ストップロス・イグニッション（Stop Loss Ignition）

ストップロス・イグニッションとは、投資家のストップロス注文を探り、価格を誘導することでストップロスを発動させ、より大きく価格を動かす戦略である。一般に、ストップロスは、相場の変動を助長する方向の売買である。大きなストップロスにより流動性が消費され価格が動く。

なお、ストップロスを発動させるためには、なんらかの方法でマーケットを動かす必要がある。そういう意味で、スプーフィングなどの市場価格操作と絡めて用いられることが多い。

5-6-6 プッシュ・ザ・エレファント（Push the Elephant）

プッシュ・ザ・エレファント [17] とは、市場の最良気配値を更新することで、大口注文の価格を誘導する戦略である。大口注文の出現をトリガーに実行する。

売買意思があると想定される大口注文が発注されたときに、自らの注文を価格変更していき、大口注文の追随を期待する。たとえば、マーケット・メイカーがプッシュ・ザ・エレファントを活用するケースを考える。自らの買い注文と同価格に買いの指値注文の大口注文が来たとする。買い注文と売り注文の価格をより高い価格に変更することで価格をつり上げる。その動きに大口注文が追随してきたら、さらに価格をつり上げていく。図5－36の例では、反対売買が大口注文の価格変更によりテイクされ、自然と利益確定ができた例をあげている。

図表5－36　プッシュ・ザ・エレファントの例

PE：プッシュ・ザ・エレファント実行者
T：投資家
L：大口注文発注者

① 時刻10:00:00.000

注文者	売数量	価格	買数量	注文者
		105		
T(500)	500	104		
T(300)	300	103		
T(100) PE(500)	600	102		
		101	10500	PE(500) L(10000)
		100		

プッシュ・ザ・エレファント実行者（PE）は、売りと買いの両方に数量500の注文を入れている。また、価格101の買い板に、数量10,000の大口注文が発注されている。プッシュ・ザ・エレファント実行者（PE）は、これまでの観測と分析から、この大口注文が買いの最良気配値の動きに追随する可能性が高いと考えている。

② 時刻10:00:01.000

注文者	売数量	価格	買数量	注文者
		105		
T(500)	500	104		
PE(500) T(300)	800	103		
T(100)	100	102	500	PE(500)
		101	10000	L(10000)
		100		

プッシュ・ザ・エレファント実行者（PE）は、自分の価格変更に追随してくることを期待して、売り買い両方の最良気配値を上昇させるため、注文を変更した。その過程で、他の投資家（T）が出していた102円の売り指値に対し、買いのテイク注文を対当させ、数量100の買いポジションを取得した。

③ 時刻10:00:01.200

注文者	売数量	価格	買数量	注文者
		105		
T(500)	500	104		
PE(500) T(300)	800	103		
		102	10400	PE(400) L(10000)
		101		
		100		

買いの最良気配値の上昇を確認した大口注文発注者（L）は、追随し、価格を102円に変更した。また、この時のプッシュ・ザ・エレファント実行者（PE）の買いポジションは、数量100、平均約定価格102円である。

④ 時刻10:00:05.000

注文者	売数量	価格	買数量	注文者
		105		
PE(500) T(500)	1000	104		
T(300)	300	103	500	PE(500)
		102	10000	L(10000)
		101		
		100		

プッシュ・ザ・エレファント実行者（PE）は、大口注文発注者（L）が追随してくることを期待して、さらに売り買い両方の価格を上昇させた。その過程で、103円の売り指値に対し、買いのテイク注文を対当させ、数量300の買いポジションを追加取得した。

⑤　時刻10:00:05.200

注文者	売数量	価格	買数量	注文者
		105		
PE(500) T(300)	800	104		
		103	10200	PE(200) L(10000)
		102		
		101		
		100		

買いの最良気配値の上昇を確認した大口注文発注者（L）は、追随し、価格を103円に変更した。また、この時のプッシュ・ザ・エレファント実行者（PE）の合計買いポジションは、数量400、平均約定価格102.75円である。

プッシュ・ザ・エレファント実行者（PE）は、②～⑤のような動きを繰り返し、大口注文発注者（L）を誘導しつつ価格をつり上げ続ける。

⑥　時刻10:03:00.000

注文者	売数量	価格	買数量	注文者
		113		
T(200)	200	112		
PE(5000)	5000	111	10000	L(10000)
		110		
		109		
		108		

プッシュ・ザ・エレファント実行者（PE）は、価格のつり上げを継続し、大口注文発注者（L）を111円まで誘導することに成功した。また、買い上がりを続けた結果、プッシュ・ザ・エレファント実行者（PE）の合計買いポジションは数量5,000・VWAP108円になった。

プッシュ・ザ・エレファント実行者（PE）は、利益を確定させるために、大口注文発注者（L）の買い指値に対し、数量5,000の売りのテイク注文を対当させ、ポジションを解消した。

プッシュ・ザ・エレファントは自らの注文を用いて価格を誘導していくが、大口注文が価格の上昇に追随してこない場合は、大口注文に対当させ損切りすることで、損失を最小限に抑えることができる。この場合は、大口注文のおかげで、マーケット・リスクが限定的であったとみることもできる。なお、途中で大口注文が取り消されてしまえば、一気に不利になってしまう可能性もある。したがって、出現した大口注文が、実際の売買意思があり、取り消されないことを確認して行う必要がある。

5-6-7　ゲーミング（Gaming）

　ゲーミングとは、取引所の最良気配値を操作し、気配値を参照しているダークプール等の他市場価格を操作する戦略である。

　たとえば、取引所の仲値を参照して価格を決めるダークプールがあるとする。そして、取引所のスプレッドは呼値の単位よりも開いていたとする。このような状況のとき、そのダークプールへの注文直前に、市場にダークプールの自己の注文と反対方向の最良気配内指値注文を入れることで、取引所の仲値を自己に有利な方向に動かす。これにより、ダークプールの価格も自己に有利なものになる。図表5-37に、ダークプールでの価格をコントロールするために、取引所の価格をコントロールするゲーミングの例を示した。

図表5－37　ゲーミングの例

G：ゲーミング実行者
MM：マーケット・メイカー

① 時刻9:10:00.000

注文者	売数量	価格	買数量	注文者
		106以上		
		105		
MM(100)	100	104		
MM(100)	100	103		
		102		
		101	100	MM(100)
		100	100	MM(100)
		99以下		

ゲーミング実行者（G）は、取引所の仲値で取引されるダークプールで株式を数量1,000購入したいと考えている。取引所の仲値は、102円であるので、ダークプールで対当する注文があれば、102円で購入できる。

② 時刻9:10:01.000

注文者	売数量	価格	買数量	注文者
		106以上		
		105		
MM(100)	100	104		
MM(100)	100	103		
G(100)	100	102		
		101	100	MM(100)
		100	100	MM(100)
		99以下		

ゲーミング実行者（G）は、スプレッドの内側である102円に最低数量である数量100の売り指値注文を入れることにより、取引所の仲値を101.5円に変更し、すぐさまダークプールに数量1,000の買い注文を行った。

③ 時刻 9:10:01.100

注文者	売数量	価格	買数量	注文者
		106以上		
		105		
MM(100)	100	104		
MM(100)	100	103		
		102		
		101	100	MM(100)
		100	100	MM(100)
		99以下		

ダークプールでの数量1,000の買い注文が無事101.5円で約定したのち、102円の売り注文は必要なくなったのですみやかに取り消した。結果、102円×1,000−101.5円×1,000=500円ほど安くダークプールで購入できた。

5-6-8 ピン・オーダー (Ping Orders)

　ピン・オーダーとは、IOC注文、FOK注文などを用いて少量の注文を行い、隠れた流動性を確認するための戦略である。すなわち、注文が約定すれば、そこに隠れた流動性が存在する可能性が高いことがわかる。注文を少量とすることで、約定した場合のマーケット・インパクトを小さくしている。確認した流動性の情報は、別の戦略に利用される。

　ピン・オーダーの活用例として、トー・ザ・アイスバーグ (Tow the Iceberg) と呼ばれる戦略がある。具体的には、ある価格に少ない数量のIOC注文、もしくはFOK注文を発注して約定するかどうかを確認する。約定すれば即座に板の変化を観察し、消化された注文分が補充されるか確認する。注文が補充されれば、さらにIOC注文、FOK注文を行う。これを繰り返し、テイク注文が消化されたと同時に補充される現象が数回確認されれば、アイスバーグ注文が存在する可能性が高いと判断し、その背後には大口注文が存在している可能性が高いと予測する。そして、大口注文が予測されたなら、

図表5-38　市場操作系アルゴリズムのまとめ

戦　略	戦略概要
フロントランニング (Front-running)	ブローカーが顧客からの委託注文情報を利用して、委託執行をする前に、自己に有利な自己売買を行う戦略。金融商品取引法で禁止されている。
スプーフィング (Spoofing)	複数の価格に大量の注文を出し、他の投資家の市場流動性の予測や需要の予測を誤認させる戦略。
ストロビング (Strobing)	大量の注文を発注し、すぐに取り消すことにより、流動性があるようにみせかける戦略。
モメンタム・イグニッション (Momentum Ignition)	特定方向に積極的に注文を出し、急速な価格変動を起こすための一連の注文を行うことで、すでに発生したモメンタムやトレンドに伴う価格の動きを加速させる戦略。
ストップロス・イグニッション (Stop Loss Ignition)	投資家のストップロス注文を探り、価格を誘導することでストップロスを発動させ、より大きく価格を動かす戦略。
プッシュ・ザ・エレファント (Push the Elephant)	相場の変動による収益を得ようとする取引戦略。大口注文の発注をトリガーに行う。ただし、ペニー・ジャンプは相場の変動を予測するのに対して、この戦略は大口注文の価格を誘導する。
ゲーミング (Gaming)	取引所の最良気配値を操作し、気配値を参照しているダークプール等の他市場価格を操作する戦略。
ピン・オーダー (Ping Orders)	IOC注文、FOK注文などを用いて少量の注文を行い、隠れた流動性を確認する戦略。
クオート・スタッフィング (Quote Stuffing)	多数の指値注文および注文取消しを短時間で行うことで、通信ネットワークおよび売買マッチングエンジンの負荷を上げ、他の投資家の注文を遅延させる戦略。

5-6-6のプッシュ・ザ・エレファントと同様の戦略をとるなどして、利益をあげることが可能となる場合がある。なお、一般に、非表示部分に隠れた注文数量を正確に予測することは難しい。

5-6-9 クオート・スタッフィング（Quote Stuffing）

クオート・スタッフィングとは、多数の指値注文および注文取消しを短時間で行うことで、通信ネットワークや売買マッチングエンジンの負荷を上げ、他の投資家の注文を遅延させることを意図した戦略である。

通信ネットワークや売買マッチングエンジンの負荷は、他の投資家だけでなく、自分にも同じく影響を与える。したがって、この戦略は、HFTの速度競争において自らが劣後している場合に有効である。たとえば、他の投資家の情報取得速度が自己より速い場合、クオート・スタッフィングを行うことで、当該投資家の速度を遅延させ、自己に対する優位性を削ぐことができる。

5-6-10 まとめ

最後に、本節で紹介した市場操作系アルゴリズムを図表5-38にまとめる。

COLUMN ❺

アルゴリズム取引における人工知能の活用

　人工知能（Artificial Intelligence、AI）を活用したアルゴリズム取引の開発が活発化している。実は現在の、第三次人工知能ブームは2006年に始まった。これは、ニューラル・ネットワークにおける局所最適解の問題や勾配消失問題などの技術的な問題の解決や緩和および計算速度の進歩が大きい。特に、多層ニューラル・ネットワークによる機械学習の手法である深層学習は、音声・画像・自然言語を対象とする問題に対し他の手法を圧倒する高い性能を示したことで、2010年代に一般にも普及した。いまや汎用的な深層学習のツールがあり、だれでも簡単に活用できるようになってきている。

　人工知能のアルゴリズム取引への適用も従来からはあったが、必ずしも主流の手法ではなかった。これは、技術的な問題や計算速度の問題から探索する空間をどうしても小さいものにせざるをえず、期待するような結果が得られなかったことが理由であろう。また、人工知能のアルゴリズム取引の構築方法はコラム②で述べた経験的アプローチに属し、そのアルゴリズムはブラックボックスといってよく、利用する人間からすると「なぜここで買うのか」「なぜここで売るのか」といった多くの疑問点が出てくる。そうすると理解できないものに任せるのは怖く、リスクが大きいと感じ積極的な利用は進まなかった。

　しかし、近年の文字認識や音声認識、自動車の自動運転など成果がわかりやすい分野での人工知能の活用が進み、期待が高まり、ブームに火がついた。少なくとも一度は試さないと出遅れるのではという切迫感もあり、アルゴリズム取引への人工知能の活用は積極的に行われ始めている。

COLUMN ❻

人工知能、機械学習、深層学習の違い

　「人工知能（AI）」「機械学習（マシーン・ラーニング）」「深層学習（ディープ・ラーニング）」などの言葉は、似たような意味で使用されてい

る。ここでは、これらの言葉の違いをおおざっぱであるが説明してみよう。

　人工知能が最も広い意味の言葉であり、機械学習はその一分野に属する。深層学習は機械学習の一部である。

　人工知能は、知的な情報処理をすること全般をいう。「知的な」という言葉があいまいであるとおり、使われる場面によってさまざまな意味で使われている。このため、明確な定義は難しいが、大きな概念としてとらえておくとよい。

　機械学習は人工知能を実現する手段のひとつである。人間が行っている学習と同様の機能をコンピューターで実現しようとする技術・手法の総称である。たとえば、人間がどんな状況（入力）のときにどんな答え（出力）を出すかというような正解データのセットを与えて、機械がその正解データのセットから学習する。そして、新たな入力に対して、機械が学習に基づいた結果を出力する。ほかに、正解がなくてもなんらかの類似性に基づいて分類を行うものもある。

　深層学習は、多層化したニューラル・ネットワークを用いた機械学習の手法である。ニューラル・ネットワークは、脳における神経回路網の情報伝達の特性を計算機上のシミュレーションによって表現する数学モデルである。多層化することにより、複雑なモデルを表現できることが知られている。近年、他の手法を圧倒する高い性能から、機械学習の主流となっている。

図表5－39　人工知能・機械学習・深層学習

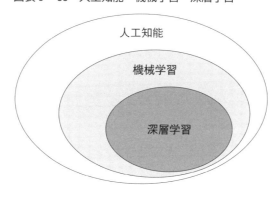

第6章

HFT：高頻度取引

本章では、現在の市場に大きな影響を与えているHFT（高頻度取引）を概観し、HFTの定義、HFTのシェア、HFTで用いられるアルゴリズム取引戦略、HFTの市場に与える影響内容、HFTに課される規制について紹介する。

6-1　HFTの概要

　HFT（高頻度取引：High Frequency Trading）とは、高頻度かつ高速に売買を行うアルゴリズム取引のことである。高頻度とは、短い時間で絶えず新規の注文、注文の変更、注文の取消を繰り返していることをいう。また、高速とは売買の意思決定から実際に注文が市場のマッチングエンジンまで届く時間が短いことをいう。

　HFTは、より高頻度であれば、短い時間により多くの回数の取引が可能なため、1回のリターンが小さくても、その小さな利益を積み上げて大きな利益を獲得することが可能である。また、より高速性であれば、相場の変化に迅速に対応でき、瞬間的に生じた収益機会を逃さずに獲得できる可能性がより高くなる。

　HFTの優位性を利用した戦略では、ポジションの保有は非常に短期間である。長期的にポジションを保有すると大きなマーケット・リスクにさらされるので、いったん、多大な損失が生じると、HFTのような薄い利益の積み重ねではその損失をカバーすることは難しい。したがって、大きなマーケット・リスクにさらされないように、保有したポジションを短い時間のうちに解消する。もちろん、保有したポジションを解消もしくはヘッジせずに日をまたぐことはない。

　HFTのような高頻度性および高速性を要求するアルゴリズムを開発し運用するためには、特別なハードウェアやソフトウェアへの大きな設備投資が

必要である。また、市場の売買システムに高速にアクセスし、低レイテンシーを実現するため、売買システムへ高速にアクセスできるDMAやコロケーション・サービスなどを利用している。

6-2　HFTの定義

　規制の観点から、その規制対象を明確にする必要があるため、HFTの定義づけがされている。ただし、いったん規制当局がHFTの定義づけを行うと、その定義の外側でHFTを行う業者が現れるので、その定義はHFT以外の取引も含まれる、大枠を規定したものとなっている。

　現在、最も具体的にHFTを定義づけしているのは、ヨーロッパのMiFID Ⅱ/MiFIRである。この規制において、HFTとは以下の特徴を有したアルゴリズム取引のことであるとされている。

① 　DMAやプロキシミティ・サービス、コロケーション・サービスなどを利用して、レイテンシーを最小化する仕組みを用いている。
② 　注文や取引がシステムにより行われ、人間が関与しない。
③ 　高頻度で発注や取消を行っている。

　ここで、①はレイテンシー最小化のために必要なインフラ的観点の条件である。②はHFTがアルゴリズム取引の一種であることから自然な条件である。③は高頻度性に着目した条件であるが、これを判定するための数値基準も記載されている。具体的には、1つの取引施設において、全商品に対しては1日の1秒当り平均発注メッセージ数が4本以上、1つの商品に対しては1日の1秒当り平均発注メッセージ数が2本以上というものである。

6-3　HFTのシェア

　アメリカでは、2000年代中盤には多くのHFT業者が市場に参入しており、2000年代の後半にかけて急激にHFTのシェアが増加していった。現在ではこの増加も頭打ちになっているものの、依然としてHFTが高いシェアを保持している。Tabb Group［27］の推計によれば、売買高ベースでHFTのシェアは2009年に61%とピークを迎えてから下降していき、2014年時点では48.5%であるといわれている。

　ヨーロッパにおいても、アメリカより数年遅れるが同じような状況である。ヨーロッパのHFTのシェアは、ESMA［29］によれば売買代金ベースで24%であるといわれている。この数値は国ごとの区別をなくして算出した数値である。また、ESMA［29］のなかでは、取引所ごとの数値も記載されている。たとえば、ロンドン証券取引所では21%であり、ドイツ取引所が21%、ユーロネクスト・パリが21%と記載されている。

　一方、日本では、2010年にアローヘッドが稼働したことで売買スピードが格段に向上し、HFTの環境が整った。これに伴い、多数のHFT業者が日本市場にも本格的に参入してきた。現在の日本の市場におけるHFTのシェアは、保坂［34］によれば売買代金ベースで25.9%程度であると推計されている。しかし、2015年9月には東証の売買システムであるアローヘッドもリニューアルされ、売買スピードや処理件数も格段に進歩したこともあり、現在のシェアはさらに拡大していると思われる。

　これらの調査報告は、それぞれの市場環境の制度も違えば、HFTの基準も異なっているので一概に比較はできないが、単純な数値の比較をすればアメリカでのシェアが他の地域に比べて高い。現在、各国HFTの規制に積極的に取り組んでいることもあり、より信頼性の高いHFTのシェアの数値がこれから得られる可能性がある。

図表6－1　売買代金ベースのHFTシェア

	シェア	参　考
日本	25.90%	保坂［2014］
アメリカ	48.5%(注)	Tabb Group（Bogard［2014］）
ヨーロッパ	24%	ESMA［2014］

（注）　2014年の推計値。

6-4　HFTのアルゴリズム取引

　一般のアルゴリズム取引は、HFTでも行うことができる。ただし、HFTの高頻度性・高速性が有利に働くアルゴリズム取引もあれば、特に効果がないアルゴリズム取引もある。

　HFTが有効なアルゴリズム取引は、マーケット・メイキング・アルゴリズムと裁定アルゴリズムである。ほかに、ディレクショナル・アルゴリズムもHFTで活用されている。一方で、HFTの効果があまりないアルゴリズム取引はベンチマーク執行アルゴリズムなどである。その他、HFTの高速性と市場の仕組みを利用したレイテンシー裁定というアルゴリズム取引もある。

　本節では、マーケット・メイキング・アルゴリズム、裁定アルゴリズム、ディレクショナル・アルゴリズム、およびレイテンシー裁定においてHFTがどういう面で活用されるのかについて説明する。

6-4-1　マーケット・メイキング・アルゴリズム

　HFTを利用するアルゴリズム取引のなかで、マーケット・メイキング・アルゴリズムが、最も基本的で大多数を占める。

　マーケット・メイキング・アルゴリズムでは、市場の実勢価格や流動性の

変化に応じて自己の注文をすみやかに変更、取消、新規発注を行う必要がある。したがって、マーケット・メイキング・アルゴリズムは、HFTの高頻度性および高速性が非常に有利に働く。

6-4-2 裁定アルゴリズム

裁定アルゴリズムもHFTが有利に働くアルゴリズム取引である。

裁定アルゴリズムのなかでも、同一商品間裁定や理論的裁定はゆがみの解消のスピードが速く、HFTが向いている。裁定機会の発生後、最も早く裁定取引（エントリー）を完了できたアルゴリズムが最も大きい利益を獲得できるためである。また、小さな裁定機会ならば、短時間に何度も発生しうるので、高頻度性も有利に働く。

6-4-3 ディレクショナル・アルゴリズム

ディレクショナル・アルゴリズムでも、短い時間スケールで行うアルゴリズム取引ではHFTが有利に働く。

たとえば、ニュース／イベント・ドリブンのように素早い反応が必要なアルゴリズム取引、モメンタム・トレーディングのような短い時間スケールで取引を行うアルゴリズム取引では、HFTは有用である。また、スキャルピングのような薄利多売なアルゴリズム取引でも、HFTは有用である。

一方、ディレクショナル・アルゴリズムのなかで、長い時間スケールで大きな価格の動きをとらえるアルゴリズムでは、HFTが特に有利ということはない。

6-4-4 レイテンシー裁定

レイテンシー裁定とは、情報の処理や伝達速度の違いなどにより市場間で取引情報などの情報到達時刻に違いがある場合、早く到達した情報を利用し、遅く到達する情報に先んじて自己に有利な取引を行う戦略である。

これは、同一の価値をもつ商品の同一時点での価格差を利用したものでは

ないので、裁定取引ではない。SECでは、レイテンシー裁定をストラクチュラル（Stractural：構造的な）戦略に分類している。

アメリカ市場では、2－8－3で説明したISO注文という特殊な注文方法が利用されており、複数の市場に同時にISO注文が出され、その注文の各市場への到達時刻が一般に異なるので、レイテンシー裁定が可能である。たとえば、図表6－2で示したように、ISO注文で2つの市場A、Bに注文が届いたときに、他のCという市場にも同様の注文が発注されたと予測し、その注文より先にCという市場に届くようすみやかに注文を出すことができる。つまり、Cという市場において将来到達するであろう他の注文情報を予測したうえで、自己の注文を出している。

他者の注文を察知し先回りして収益をあげることから、レイテンシー裁定はフロントランニングではないか、といわれることがある。しかし、他市場への注文情報という公開された情報を利用しているだけなので、フロントランニングには該当しない。

なお、レイテンシー裁定では、遅れて到達する注文のマーケット・インパクトを利用することに加え、メイカー・テイカー手数料モデル市場のメイカー・リベートをねらうことによっても、収益をあげることができる。他の投資家より一瞬速くメイク注文を置くことで、ほぼ確実にメイカー・リベートを獲得できるためである。

このように、レイテンシー裁定は、情報到達時刻の差という非常に短い時間を利用したもので、必然的にHFTで実行される。HFTという特別な仕組みを保持した投資家のみがこの戦略を実行できることから、レイテンシー裁定は取引の公平性の観点でさまざまな議論を呼んでいる。アメリカでHFTが問題視されているのはレイテンシー裁定の影響も大きい。

図表6-2　レイテンシー裁定の流れ

① 時刻 10:00:00.000

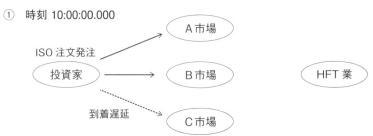

投資家はA市場、B市場、C市場にISO注文で発注をした。
A市場とB市場に注文は届いたが、C市場には注文情報の伝達が遅延している状況である。

② 時刻 10:00:00.100

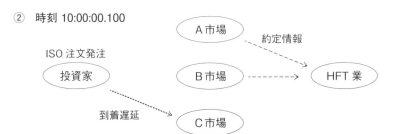

HFT業者は、A市場とB市場の最良気配の全数量が執行されたことから、ISO注文の存在を予測した。

③ 時刻 10:00:00.500

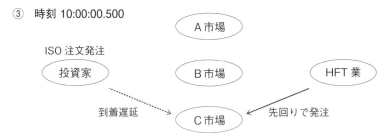

ISO注文の存在を予測したHFT業者は、C市場の最良気配が消化されていないことから遅延していると予測し、ISO注文がC市場に到着するよりも早く、C市場に先回りで発注した。

6-5 HFTが市場に及ぼす影響

本節では、HFTが市場に及ぼす影響として、HFTが市場に貢献している点と、問題点およびそれに関する議論について説明する。

6-5-1 市場に対するHFTの貢献

HFT業者の大部分はマーケット・メイキング戦略を行っており、HFT業者は市場に流動性を供給しているといわれている。実際、保坂[34]の研究によれば、HFTの約定はメイク注文の約定割合が高く、流動性を供給している。ただし、HFTは多くの取引機会を必要とするので、流動性が大きく出来高が多い銘柄が中心に、さらなる流動性を供給していると考えられる。

もう1つのHFT業者の代表的な戦略である裁定戦略では、HFT業者は裁定機会が生じてから発注まで高速に行うことができるので、裁定機会が生じても即座に解消されるだろう。このように、裁定機会というある種の市場の不均衡を是正している点も市場に対する貢献といえる。

6-5-2 HFTの問題点

HFTには、市場の不安定性や市場の不公平性についてさまざまな問題が指摘されている。本節では、HFTによる市場の不安定性、不公平性、不公正取引について説明する。

市場の不安定性

HFTにより、市場が不安定になっているのではないかという指摘がある。たとえば、次のような指摘である。

・不具合などによるアルゴリズムの暴走が市場全体に影響を与える可能性がある

- コロケーションやDMAを利用して注文するため、証券会社等によるリスク管理が十分でない
- 高頻度に注文の新規発注、取消、変更を行うため、HFTを行わない他の投資家が市場の状況を正確に把握しにくく、価格形成が一部の投資家の行動に支配される懸念がある
- 市場全体が不安定になった場合、アルゴリズムがアルゴリズム構築者の想定外の動きをし、さらに市場の不安定性を加速させる懸念がある

取引の不公平性

HFTは一般の投資家が獲得できないような短い時間の取引機会を獲得しており、不公正であるとの主張もある。

他に、HFTが行われている市場では、板は非常に短期間に高頻度で変化しており、HFTでない投資家はリアルタイムの情報を正確に把握できないまま投資をせざるをえないという点で不公平性を感じる投資家もいる。たとえば、板の変化の時間スケールに比べて非常に遅い投資家にとって、注文の市場への到達時点の板は、売買意思決定時のものとはスプレッドや市場の厚みなどが大きく変化したものとなってしまう。

不公正取引

HFTには、相場操縦などの不公正取引が含まれているのではないかとの主張もある。HFTでは、大量の注文や取消があり、市場の情報を正確に把握することが難しく、見せ玉のような相場操縦行為をしていてもおかしくないとの主張である。実際、相場操縦の意図をもって売買することで摘発された事例も存在する。

6-6　HFTの規制

本節ではアルゴリズム取引、特にHFTに関するアメリカとヨーロッパの規制動向、および日本の規制の概略について紹介する。

現在、世界中でHFTなどのアルゴリズム取引に対する規制導入が進んでいる。ヨーロッパでは、2018年1月にはHFTなどのアルゴリズム取引の規制のためにMiFIDⅡ（Markets in Financial Instruments Directive Ⅱ）が施行された。アメリカでも、段階的にHFTの規制に取り組んでいる状況である。また、日本においても、2017年に金融商品取引法が改正されHFTなどのアルゴリズム取引に関する規制が2018年4月1日から施行されている。

6-6-1　アメリカとヨーロッパの規制動向

アメリカとヨーロッパのHFTに対する規制のアプローチは異なっている。アメリカではHFTとは何かを明確化していないのに対し、ヨーロッパでは明確化している。

アメリカの規制は、HFTの活動を直接阻害するのではなく、現状の制度で対応しきれない部分を修正していく方向で進められている。たとえば、2-8-5で取り上げたネイキッド・アクセスの禁止やスタブ・クォート（価格提示義務のあるマーケット・メイカーが取引を成立させたくないときに提示する市場の実勢から極端に離れた指値注文）の禁止などである。ただし、どの規制についてもHFTは関連してはいるが、HFTを直接的に取り締まろうとする規制は導入されていない。

ヨーロッパでは、MiFIDⅡにおいてHFTなどのアルゴリズム取引が規制され、規制の対象となるHFTも定義（6-2参照）されている。この規制により、HFT業者などのアルゴリズム取引業者は、規制当局に報告する義務が生じることになる。その一方で、取引所側は、注文ごとにアルゴリズム取

引による注文かどうかを把握する義務も課せられている。また、HFTなどの高速売買にも耐えうるシステム環境の整備や、エラー注文への対応も整備しなければならない。さらに、マーケットメイク戦略を行う業者に対する規制も用意されている。この規制は、マーケットメイク戦略をとるアルゴリズム取引業者は事前に登録をする必要があり、さらに市場に流動性を供給するような一定の基準を満たさなければならないといったものである。

6-6-2　日本の規制動向

　日本においても、金融商品取引法が改正されHFTに関する規制を含む政令および内閣府令等が、2017年12月27日に公布、2018年4月1日に施行された。この法律では、HFTは高速取引行為、HFT業者は高速取引行為者に相当する。そして、高速取引行為者を登録し取引戦略を事前に届けさせることで高速取引行為を把握しようとする内容が含まれている。

　この法律により、「金融商品取引業者等及び取引所取引許可業者」以外のものが高速取引行為を行う場合、内閣総理大臣の登録を受けなければならない。この登録の要件には、高速取引行為に伴う業務を的確に遂行できる人的構成の保持や体制整備などが含まれる。また登録時には、取引戦略を記載する必要がある。そして、登録の際に設備や体制などに関して、高速取引行為を遂行できないと判断された場合には、登録を拒否されることもある。

　さらに、高速取引行為に必要な体制や運営に関する規制や、第三者が登録した者の名義を用いて高速取引行為を行うことを禁止する規制なども導入されている。そのほか、高速取引行為者には取引記録の作成や保存が義務づけられており、監督当局は、高速取引行為者に対して報告の徴求や検査、業務改善命令等を行うことができる。

　規制の対象となる高速取引行為は、注文等の伝達に通常より時間を短縮する方法がとられ、他の注文と競合することを防ぐ仕組みが講じられたものとしている。たとえば、コロケーション・エリアなど取引所やPTSに近接した場所に設置した他の投資家と併用しないサーバーからの注文が該当する。

なお、登録する際に届出するアルゴリズム取引戦略は、「マーケット・メイキング戦略」「アービトラージ戦略」「ディレクショナル戦略」「その他の戦略」となっている。ただし、マーケット・メイキング戦略、アービトラージ戦略（本書では「裁定アルゴリズム」）、ディレクショナル戦略を複合的に実行するアルゴリズムは、主な戦略を届出する。また、主となる戦略を1つに絞ることが困難な場合は、「その他の戦略」で届け出る。

第7章

外国為替取引における
アルゴリズム取引

前章まででは、主に株式取引を念頭に置いて、アルゴリズム取引について説明してきた。本章では、外国為替取引におけるアルゴリズム取引について、株式取引との差異を中心に概観していく。

　外国為替取引の市場環境・取引環境は、株式取引とは大きく異なる。特に、外国為替取引が主に相対取引で実施されることによる差異が大きい。この差異は、具体的には約定拒否の有無、流動性の把握手段の違い、情報伝播の経路の違いなどのかたちで、アルゴリズムの設計や挙動に影響を及ぼしている。これらを7−1と7−2で説明する。

　また、第5章で紹介した各アルゴリズムの説明は、株式の取引所取引を前提としている。そのため、外国為替取引においては、アルゴリズムの内容・重要度・使われ方などが異なってくる。7−3では、第5章のアルゴリズム取引戦略ごとに、外国為替取引における活用状況をまとめる。

　最後に、個人投資家の立場から、外国為替取引におけるアルゴリズム取引の影響をまとめ直す。個人投資家の取引相手は主にFX事業者になるため、FX事業者が使用しているアルゴリズムとその影響を7−4でまとめ直す。また、個人投資家に利用されているアルゴリズムについても触れる。

　なお、本章で取り扱う外国為替取引に関するアルゴリズムは、インターバンク為替市場のスポット取引および外国為替証拠金取引において使用されるものを念頭に置いている。フォワードやスワップの取引に関する説明は割愛した。

7−1　外国為替取引の市場環境

　本節では、外国為替取引におけるアルゴリズム取引を理解するために最低限必要となるであろう市場環境について簡単に説明する。第2章で説明したとおり市場環境にもさまざまな要素があるが、本節では、外国為替取引の概

要、外国為替取引の主要な取引形態である相対取引の内容、外国為替市場の参加者と市場の分類の、特に重要な3項目に絞り、株式取引との大きな相違点を中心に取り扱う。

7-1-1 外国為替取引の概要

本項では、外国為替取引および外国為替証拠金取引（いわゆるFX取引）の概要を簡単にまとめる。

外国為替取引の概要

外国為替取引とは、実質的には、異なる2つの通貨を交換する取引のことである。この交換比率を為替レートという。

適用される為替レートは、通貨をいつ交換するかによって異なる。売買することを契約した日から通常2営業日後に通貨の受渡しをする取引のことをスポット取引（直物取引）といい、この取引で使われる為替レートをスポットレート（直物レート）という。通常、「為替レート」という場合、このスポットレートを意味する。外国為替に関する取引には、スポット取引のほかにも、フォワード取引、スワップ取引、通貨オプション取引などがあり、それぞれスポットレートとは異なる交換比率が適用される。

以降の本章の内容は、スポット取引を前提としたものである。

外国為替証拠金取引（FX取引）の概要

外国為替証拠金取引、いわゆるFX取引は、約定元本に対して一定の比率の証拠金を担保として外国為替証拠金取引事業者（以下、FX事業者）に預託し、FX事業者を相手方として行う、差金決済デリバティブ取引である。取引する通貨の組合せ（通貨ペア）は、USDJPY、EURUSDなどと表記される。以下、売買レート、決済日、ロールオーバー、スワップポイントについて述べる。

FX事業者が顧客に配信する売買レートは、スポットレートを参照しつつ、

FX事業者が独自に決定している。したがって、同一通貨ペア・同タイミングの取引であっても、FX事業者によって約定レートが異なることがある。

FX取引の決済日は、スポット取引と同様に、通常は2営業日後である。しかし、FX事業者はロールオーバー（決済期限の繰延べ）を自動的に実施しているため、投資家は決済期限を気にすることなくポジションを長期保有することができる。

また、ロールオーバーに際して、スワップポイントが付与される。スワップポイントは、金利が異なる2つの通貨の取引における、2通貨間の金利差調整分のことである。スワップポイントは、売買の別、金利差、保有日数によって計算されるため、株式の配当金とは異なりプラスにもマイナスにもなる。FX事業者は、インターバンク為替市場のスワップポイントを参照し、手数料を加味して自社のスワップポイントを決定している。通常、スワップポイントはFX事業者によって異なる。

7-1-2　外国為替取引の取引形態

株式取引が取引所取引を中心に行われているのに対し、外国為替取引は相対取引で行われることが多い。相対取引では、売買する金額やレートを当事者同士で決定する。レートを提示する者をマーケット・メイカーといい、提示されたレートに基づいて売買の意思決定をする者をマーケット・テイカーまたはマーケット・ユーザーという。

マーケット・メイカーは、通常、売り買い双方のレートおよびそのレートで取引可能な金額（数量）を同時に提示する。マーケット・メイカーにとっての買値（マーケット・テイカーにとっての売値）をビッド・レート、売値をオファー・レートまたはアスク・レート、ビッド・レートとオファー・レートの差をスプレッドという。相対取引であるため、マーケット・メイカーは、顧客ごとに異なるレートやスプレッドを提示することができる。

マーケット・テイカーは、提示されたレートで取引を実施してもいいし、しなくてもかまわない。そのため、マーケット・テイカーは、通常、複数の

マーケット・メイカーに対して同時にレートの提示を要求し、最も良いレートを提示したマーケット・メイカーと取引を実施する。

7-1-3 外国為替取引の参加者

外国為替市場は、インターバンク市場と顧客市場に大別される。

インターバンク市場の主要な担い手は、各国の大手銀行、大手証券会社等の金融機関、およびこれらの参加者の取引ニーズを集約し取引を仲介するブローカーである。インターバンク市場の参加者は、相互にマーケット・メイカーとしてレートを提示し、かつマーケット・テイカーとして売買を行う。また、中央銀行もインターバンク市場に参加し、市場介入を実施することがある。

顧客市場では、運用目的の機関投資家や個人投資家、輸出入の実需に基づき取引を実施する事業法人などのさまざまな参加者が、もっぱらマーケット・テイカーとして、銀行やFX事業者と取引を行っている。

FX事業者を含む一部の金融機関は、インターバンク市場と顧客市場を結ぶ役割に特化している。これらの金融機関は、顧客市場の参加者に対してはマーケット・メイカーとして取引の相手方になり、インターバンク市場の参加者に対してはもっぱらマーケット・テイカーとしてカバー取引を行う。なお、カバー取引とは、顧客注文の偏りによって自己のポジションが売り／買いどちらかに大きく傾いてしまった際、マーケット・リスクの低減を目的として、その偏りを是正するために実施する取引のことである。マーケット・メイキング・アルゴリズムの運用に伴うポジション解消のためのテイク注文（4-2-3、5-3、第5章コラム④参照）と同様の取引である。

一部の金融機関や取引所は、自分では取引の主体にならず、他の参加者の売り注文と買い注文を対当させ手数料収入を得る、取引仲介サービスを提供している。国際的には、英NEXグループが提供しているEBS Marketや米トムソンロイターが提供するReuters DealingなどのECN（Electronic Communication Network）がよく利用されている。ダークプールと呼ばれる情報開

図表7－1 外国為替取引の参加者

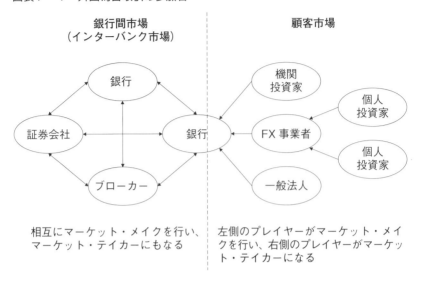

示度が低く匿名性が高い取引仲介サービスの活用も増えている。これらは株式取引における私設取引所と類似性が高い。

7-2 株式取引アルゴリズムと外国為替取引アルゴリズムの違い

　取引所取引と相対取引の違いは、アルゴリズムの設計や挙動にも大きな影響を及ぼす。本節では、特に影響が大きい2つのポイントについて説明する。

　1つ目は、約定拒否の有無である。外国為替取引においては、マーケット・メイカーによる約定拒否が慣行的に許容されている。2つ目は、流動性情報の把握手段の差異である。外国為替取引においてアルゴリズムを活用するためには、複数のマーケット・メイカーのレート情報を集約した合成レー

トを作成する必要がある。合成レートと板情報は類似しているが、レートの不一致や匿名性の有無などの違いがある。

7-2-1 約定拒否の有無

約定拒否

株式取引と外国為替取引との決定的な差異のひとつは、外国為替取引における約定拒否（リジェクト）の存在である。約定拒否とは、マーケット・テイカーが提示されたレートをテイクする意思表示をした後に、マーケット・メイカー側の最終判断で約定が拒否され、取引が不成立になることである。

ラスト・ルック

外国為替取引では、慣行的に、リスク管理上問題となる取引に対する自衛手段として、マーケット・メイカー側が最終的な約定の成立／拒否の決定権を保持していることが多い。電子的な取引の場合、マーケット・テイカーの注文到着からミリ秒レベルのきわめて短い時間で、約定を成立させるか拒否するかを判断している。これをラスト・ルックという。日本の3大メガバンクやJPモルガン、UBSなどの海外の大手インターバンクは、通常、ラスト・ルックの実施への言及も含まれた取引執行方針を自社のWEBサイトで公開している。

グローバルFX委員会（GFXC）の発表からも明らかなとおり、ラスト・ルックの慣行については賛否両論がある。賛成派は、マーケット・メイカーの流動性供給意欲の減退を回避するために有用であり、顧客に対する適切な情報開示を条件に容認できると主張している。一方、反対派は、ラスト・ルックが濫用されることで取引の健全性を大きく損なっていると主張している。実際、2015年には、ニューヨーク州金融サービス局（NYDFS）がラスト・ルックの濫用に関する件で英バークレイズ銀行に対し1億5,000万ドルの罰金の支払を命じている。

アルゴリズムへの影響

　このような約定拒否の存在によって、外国為替取引アルゴリズムの設計および運用では、考慮し管理しなければならない要素が株式取引アルゴリズムに比べて大幅に増加する。具体的には、約定拒否の発生可能性、取引を発注してからマーケット・メイカーの約定拒否判断が届くまでのタイム・ラグ、約定拒否された後の他のマーケット・メイカーに対する再発注、さらに自身が同時にマーケット・メイクも行っている場合には再発注までに生じた追加の対顧客取引の考慮、そしてこれら一連の取引に関するマーケット・リスクの管理などである。

　これらの要素のうちのいくつかは執行数量条件付注文（IOCやFAKなど）を用いた株式取引アルゴリズムにおいても考慮されうるものであるが、外国為替取引では後述するレートの合成とも密接に関連するため、管理は複雑になる。

7-2-2　流動性情報の把握手段

流動性情報の加工の必要性

　日本国内の株式取引では、取引所に取引が集中しているため、取引所が配信する板（2-5-1「注文情報」参照）に関する情報を参照することで、指値の価格や数量などの市場の流動性に関する情報の大半を把握することができる。

　一方、外国為替取引では、板情報のような指標性の高い情報を得るためには工夫を要する。ECNから配信される集約ずみのレート情報を参照することもできるが、これは2次情報であり、レイテンシーなどが問題となりうる。レイテンシーの問題を回避するためには、複数のマーケット・メイカーから提示される個々のレート情報を自社で集約・加工して利用する必要がある。

合成レート

複数のマーケット・メイカーから提示される個々のレート情報を集約し、取引所の板情報のように活用できるように加工したものを、本章では合成レートと呼ぶ。第5章で説明したスマート・オーダー・ルーティング（SOR）における仮想総合板と類似したものである（5－1－12参照）。

たとえば、マーケット・メイカーAがビッド110.191円・オファー110.195円（スプレッド0.004円）・取引可能金額1.0百万USD、マーケット・メイカーBがビッド110.193円・オファー110.198円（スプレッド0.005円）・取引可能金額3.0百万USD、マーケット・メイカーCがビッド110.193円・オファー110.196円（スプレッド0.003円）・取引可能金額0.5百万USDをそれぞれ提示しているとき、この3つのレートから得られる合成レートは図表7－2のようになる。

図表7－2　合成レート

マーケット・メイカー	合計Offer金額（百万USD）	レート（円／USD）	合計Bid金額（百万USD）	マーケット・メイカー
		110.200		
		110.199		
B(3.0)	3.0	110.198		
		110.197		
C(0.5)	0.5	110.196		
A(0.5)	1.0	110.195		
		110.194		
		110.193	3.5	B(3.0) C(0.5)
		110.192		
		110.191	1.0	A(1.0)
		110.190		

合成レートのベスト・ビッドは110.193円、ベスト・オファーは110.195円（ベスト・ビッド・オファー・スプレッド／Best Bid-Offer Spread／BBOスプレッド0.002円）であり、これが自社にとって取引可能な最良のレートである。狭いスプレッドを謳うFX事業者などは、この合成レートを活用することで、個々のマーケット・メイカーが自社に提示しているスプレッドよりも狭いスプレッドを個人投資家に提示している。

　さらに、マーケット・メイカーごとの約定拒否率や発注から約定までのタイムラグ（執行遅延）などのデータを加味した合成レートを作成することも可能である。高度化の方針は、合成レートを利用するアルゴリズムがどのような情報を必要とするかに依存する。

合成レートと板情報の差異①　参加者間の合成レートの不一致

　自社で作成した合成レートと取引所が配信する板情報は類似しているが、差異もある。そのひとつは、個々の参加者がそれぞれ作成した合成レートが必ずしも同一のものにはならないことである。

　取引所が配信する板は、その取引所の取引に参加するすべての投資家にと

図表7－3　合成レートの不一致

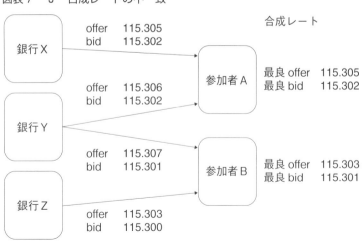

って同一・同条件の情報であり、かつすべての投資家がその指値注文をテイクすることができる。取引の大半が集約する日本の証券取引所の板であれば、国内株式市場全体の流動性に近い情報だと理解してさしつかえないであろう。

一方、合成レートは、その参加者だけがテイクできる固有の情報であり、市場全体の流動性の一部にすぎない。また、マーケット・メイカーは取引相手によって異なるレートを提示することがあるため、自身が把握している合成レートが他の参加者の合成レートと同一であるとは限らない。

合成レートと板情報の差異②　匿名性の有無

合成レートと板情報では、匿名性の有無も異なる。

取引所の板情報には匿名性があり、投資家に紐づく情報を得ることができない。したがって、板情報は市場全体の変化を把握するのには役立つが、板情報だけを用いて個々の投資家やアルゴリズムの具体的な挙動を詳細に分析することはきわめて難しい。たとえば、最良価格に並んでいた買い指値1万株と売り指値1万株がほぼ同時に1ティックずつ後退しセカンドベストに移動したように観測された場合でも、それが1つのマーケット・メイキング・アルゴリズムによるスプレッド拡大の挙動なのか、売り・買いそれぞれ別の2つの執行アルゴリズムによる指値移動なのか、2つの投資家の指値取消および別の2つの投資家の新規指値の偶然の組合せなのか、などを確定的に判断することはできない。

一方、合成レートでは、どのレートがどのマーケット・メイカーから提示されたのかは明らかであり、各マーケット・メイカーの挙動を個別具体的に把握することができる。この情報を活用することで、アルゴリズムの高度化を図ることも可能である。特に、他のアルゴリズムの挙動を逆手にとって利用するタイプのアルゴリズムは、株式取引よりも外国為替取引との相性が良いといえるだろう。

7-3 外国為替取引におけるアルゴリズム取引戦略

本節では、第4章の最初で説明したアルゴリズム戦略が外国為替取引においてどのように活用されているかを、金融機関やFX事業者の観点から概説する。

7-3-1 執行アルゴリズム

執行アルゴリズムは、おおむね株式取引と同様に活用されている。特に、スマート・オーダー・ルーティング（SOR）はきわめて重要である。

基本的な執行手法を実現する執行アルゴリズムについては、株式取引アルゴリズムと同様のものが外国為替取引でも利用されている。インターバンク取引では、主にリミットオーダー（指値注文。実態としてはマーケット・メイカーから配信されたレートをテイクする行為であり、5-1-2の即時執行可能指値注文に近い）とマーケットオーダー（成行注文）の2種類が使われている。また、個人投資家向けのサービスを提供するFX事業者や一部の金融機関では、最大スリッページ（成行注文における、発注時点のレートと約定レートとの差）を指定できる成行注文であるストリーミング注文や、複数の注文を組み合わせたIFD、OCO（付録C参照）といった発注形態を用意している。

SORは、外国為替取引では必須のアルゴリズムであり、多数の参加者が利用している。国内の株式取引では、大口注文を執行する場合、単一の大口注文またはベンチマーク執行アルゴリズムによる分割済小口注文を1つの取引所に対してのみ発注すれば十分である。これに対し、外国為替取引で大口注文を効率的に執行したい場合には、複数のマーケット・メイカーに対して、良いレートを提示している順番に、取引可能な数量ごとに分割して発注する必要がある。この一連の発注作業を正確に短時間で実施するためには、

SORが必要不可欠である。

7-3-2 ベンチマーク執行アルゴリズム

　外国為替取引においても、ベンチマーク執行アルゴリズムを活用することはできる。ただし、何をベンチマークとして採用するか、そのベンチマークを参照することにどの程度の意味があるのか、といった点については、株式取引とは状況が異なる。

　たとえば、国内の株式取引では、取引所の出来高情報を参照するVWAPアルゴリズム（5-2-2参照）が頻繁に利用されている。この出来高情報は国内の株式取引の流動性の大半をカバーしているため、その出来高を用いて計算される加重平均価格も十分な代表性・指標性を有しており、ベンチマークとして妥当である。

　他方、外国為替取引では、単独で市場の流動性の大半を占めるような巨大な参加者や取引所は存在しないため、妥当性の高いベンチマークも存在しない。ある金融機関が運営する取引仲介サービスの例を考えると、仮に当該サービスの出来高情報が配信されVWAPアルゴリズムやMOCアルゴリズムを動かすことができたとしても、その加重平均価格や終値が市場全体のそれとどの程度一致しているかは不明であり、それをベンチマークとして採用することの意義を見出すのは難しいかもしれない。同様に、ベンチマークとしてメジャーな電子取引ネットワーク（ECN）やCMEのFX先物の情報を利用することも考えられるが、その妥当性については見解が分かれるであろう。

7-3-3 マーケット・メイキング・アルゴリズム

　マーケット・メイキング・アルゴリズムは、電子取引を実施しているすべてのマーケット・メイカーにとって必須であり、株式取引以上に活用されている。株式取引のマーケット・メイキング・アルゴリズムとの違いや外国為替取引に固有の機能を有するアルゴリズムも存在する。

　最も多く使われていると推定されるマーケット・メイキング・アルゴリズ

ムは、メジャーなECNや自社に提示されたマーケット・メイカーのレートをもとに合成レートを作成し、そこにマージンなどを加味した自社レートを生成して自社の顧客に配信するタイプのものである。アメリカの雇用統計などの市況に大きな影響を及ぼす指標の発表も含め、マーケットの状況にあわせてスプレッドを調整する機能を備えているケースが多い。

　株式取引のマーケット・メイキング・アルゴリズムと外国為替取引のそれとの最大の違いは、顧客にとっての最良価格を提示することの難易度である。

　株式取引では、マーケット・メイカーは自分の指値注文が市場の板にどのように反映されているかを観測し対応することで、投資家にとっての最良価格を取引所経由で全投資家に提示することができる。また、競合するマーケット・メイカーの挙動を板情報からすべて把握できるため、5－3であげたような市場価格参照型のアルゴリズムを活用して最良価格を高速かつ柔軟に更新し続けることもできる。

　一方、外国為替取引では、顧客の合成レートをマーケット・メイカー側が直接正確に把握することはできず、自社に対して提示されているレートやECNのレートをもとに類推することしかできないため、顧客にとっての最良価格を提示することは相対的に難しい。市場価格参照型（ここで参照するのは市場価格ではなく自社の合成レートであるが）のアルゴリズムを流用したとしても、顧客にとっての最良価格を提示できるとは限らない。

　また、相対取引では、マーケット・メイカーが顧客からの成行注文を受けた際、約定価格の決定にアルゴリズムを活用することができる。発注を受けた瞬間の自社の提示レートを約定価格とする基本的なもののみならず、スリッページを加味して約定価格を調整するようなアルゴリズムも採用可能である。注文形式がストリーミング注文の場合には約定拒否も選択肢のひとつとなり、アルゴリズムの自由度は高まる。

| 7-3-4 | 裁定アルゴリズム

　裁定アルゴリズムは、株式取引と同様に活用されている。外国為替取引では、裁定機会は頻繁に発生するものの、約定拒否の存在により収益化が難しい。

　同一商品間裁定や理論的裁定をねらうアルゴリズムは、競合他社とのスピード競争に勝ち残るために必要な巨額のシステム投資を継続的に実施することができるごく限られた一部の金融機関で利用されている。この結果、3つのメジャーな通貨間のレートのゆがみなどの理論的裁定機会（5-4-2参照）は、すみやかに解消される。一方、統計的裁定をねらうアルゴリズムは、必ずしもスピードのみで勝負が決まるわけではないため、クオンツ系のファンドなどで広く利用されている。

　外国為替取引は個々の相対取引の集合体であり、取引に利用されるレートも同一ではないため、株式の取引所取引と比較すると裁定機会は大幅に増える。たとえば、個々のマーケット・テイカーからみて、合成レートのベスト・ビッドがベスト・オファーを上回る現象、いわゆるレートの逆転は、頻繁に発生する。しかし、逆転の要因となったビッドまたはオファーを提示したマーケット・メイカーがラスト・ルックによって約定を拒否することも多く、アルゴリズムを使用したとしてもこれらの裁定機会を確実に収益化するのは必ずしも容易ではない。

| 7-3-5 | ディレクショナル・アルゴリズム

　ディレクショナル・アルゴリズムは、株式取引と同様に、さまざまなものが利用されている。

　外国為替取引においても、採用する戦略や市場リスクに対する考え方などは参加者によって千差万別であり、それを反映した多様なタイプのディレクショナル・アルゴリズムが活用されている。また、ディレクショナル・アルゴリズム単体としてではなく、マーケット・メイキング・アルゴリズムやベ

ンチマーク執行アルゴリズムなどの他のアルゴリズムにディレクショナルな要素を組み込んだものが活用されているケースもある。

なお、個人投資家に人気のテクニカル指標をベースにしたアルゴリズムは、ほぼすべてがこのカテゴリーに属する。

7-3-6 市場操作系アルゴリズム

市場操作系アルゴリズムの具体的な活用状況の詳細は明らかではない。本項では、プリ・ヘッジとストップ狩りの概要を説明する。また、ストップ狩りとの比較でストップロス・イグニッション戦略についても言及する。

プリ・ヘッジ（Pre Hedge）

プリ・ヘッジとは、外国為替取引において、顧客のオーダーを円滑に執行する目的で、相場やオーダーの状況をふまえ、自らのリスクで事前に自らのポジションを調整することをいう。たとえば、銀行が顧客から大量のストップロス売り注文を受けているケースを考える。銀行が、市場にも同様のオーダーが多数ありストップロス注文の執行に際してはスリッページ（7-3-1参照）が非常に大きくなるリスクがある、と想定していると仮定する。この時、銀行は、市場価格がストップロス水準に達するよりも前に、市場価格を押し下げることがないように、自己のリスクであらかじめ売り注文を執行しておく（プリ・ヘッジしておく）ことができる。この後に市場価格がストップロス水準に達し、市場全体のストップロス注文が一度に執行されて市場価格が急落したとしても、銀行は顧客に対してあらかじめ執行しておいた急落前の注文価格に基づいた執行価格を提供することができる。

通常、外国為替取引は相対取引であるため、当事者間の取引が契約に基づき誠実公正に行われている限りはプリ・ヘッジの実施に問題はなく、プリ・ヘッジを自動的に実施するようなアルゴリズムの使用にも違法性はない。一方、自己の利益を優先し顧客の利益を損なうかたちで行われるプリ・ヘッジおよびそれを実行するアルゴリズムの使用は、フロントランニング（5-6

－1参照）に相当する不公正な取引であるといえる。

　このような不公正なプリ・ヘッジは、顧客からの注文委託を前提とする金融商品取引法上のフロントランニング禁止規定に直接該当するわけではない。しかし、業界の行動規範であるCode of Conduct（Code of Conduct 外国為替取引ガイドライン2015）では「取引の当事者間で相対で成立する為替取引は本邦法律上はフロントランニング規制の対象とされていないとはいえ、当該規制の趣旨に鑑みれば、上述のプリ・ヘッジについても顧客の利益を損なうことなきよう誠実に行われなければならないことはいうまでもない。」と明記されている。最新版のCode of Conduct（グローバル外為行動規範2017：FX Global Code December 2017の仮訳版）でも、「公正かつ透明性をもって行われるべき」と規定されている。大手銀行は、ラスト・ルックと同様に、プリ・ヘッジのガイドラインを外国為替取引方針のなかで規定し、自社のWEBサイトで公開している。

ストップ狩り
　ストップ狩りとは、市場の実勢レートが顧客のストップロス注文の水準に到達していないにもかかわらず、当該ストップロス注文を発動させるために、実勢レートから乖離したレートを顧客に提示することをいう。逆指値狩りともいわれる。これによって発動させた顧客の逆指値注文とプリ・ヘッジを組み合わせることで、マーケット・メイカーは安定的に利益をあげることもできる。同様に、発動タイミングを操作した顧客の指値注文とプリ・ヘッジの組合せで利益をあげることもできる。

　株式の取引所取引では、取引所の約定価格と投資家にとっての約定価格は同一であるため、証券会社にストップ狩りのような収益機会は存在しない。一方、外国為替取引では、市場の実勢レートにかかわらず顧客に提示するレートを自由に調整可能であるため、このような収益機会を創出しうる。相対取引であるため、顧客向け提示レートの操作そのものに違法性はないが、顧客に提示するレートが実勢レートから過度に乖離し、顧客の利益を犠牲に

自己の利益を優先しているような場合には、不公正な取引であるといえよう。

このような行為に関し、Code of Conduct（2015）では、「ストップロスオーダーを、顧客の利益に反するように悪意をもって執行しようとしてはならない。」と明記されている。FX事業者のなかには、内規として、市場の実勢レートと顧客向けの提示レートの乖離幅に合理的な制限を設け、過度に乖離したレートの提示をシステム上不可能にしているところもある。また、金融商品取引法等により取引記録の保存が義務づけられているため、ストップ狩りのような行為の証跡はすべて残り、金融庁による事後的な検証も可能である。

ストップロス・イグニッション

ストップロス・イグニッション（5－6－5参照）もストップロス注文の発動を自己の利益に結びつける戦略である。このストップロス・イグニッション戦略がストップ狩りと呼ばれることもあるが、前述のストップ狩りとは内容が異なるため、本書では区別して説明する。

ストップロス・イグニッション戦略は、マーケットに存在するであろう第三者のストップロス注文を推測し、その発動を見込んで、自己のリスクにおいて、市場価格を動かすものである。これに対し、ストップ狩りは、自己の顧客のストップロス注文の存在を知り、かつ自己の顧客に対して実勢から乖離したレートを提示することで、自己に有利なタイミングでストップロス注文を発動させる行為であり、顧客に対する利益相反行為である。

ストップロス・イグニッション戦略は相場操縦行為に該当し、違法である。また、Code of Conduct（2017, 2015）でも不適切な行為として規定されている。

7-4　個人投資家からみたFX取引アルゴリズム

　本節では、個人投資家の読者のために、FX取引におけるアルゴリズムについて、個人投資家の観点からまとめ直す。

　個人投資家の取引相手はFX事業者である。FX事業者はマーケット・メイキング・アルゴリズムなどのアルゴリズムを活用しており、個人投資家はこの影響を受けることになる。外国為替取引は相対取引であり、個人投資家とFX事業者は本質的には利益相反の関係にあるため、どのような影響があるかを理解しておくことは重要である。7-4-1で具体的にまとめる。

　また、個人投資家もアルゴリズム取引を活用している。7-4-2では個人投資家によるアルゴリズム取引の活用事例を簡単にまとめる。

7-4-1　FX事業者が使用するアルゴリズムの影響

　FX事業者が使用しているさまざまなアルゴリズムのうち個人投資家に最も大きな影響を及ぼすものは、個人投資家向けのレートを配信するマーケット・メイキング・アルゴリズムである。また、執行アルゴリズムやカバー取引アルゴリズムの仕様や性能は、成行注文の約定価格に影響することがある。以下、これらの影響をまとめたうえで、さらにバッド・ティックとストップ狩りについても説明する。

マーケット・メイキング・アルゴリズム

　前述のとおり、FX事業者は、個人投資家向けのレート配信にマーケット・メイキング・アルゴリズムを使用している。おおむねのFX事業者でも、カバー先金融機関のレートを合成し、合成レートのベスト・ビッド・ベスト・オファーにマージンを加味して配信用レートを生成するアルゴリズムを基本としている。

一方、カバー先金融機関、カバー先金融機関から配信されるレート、どのレートを用いるか、どの程度マージンを乗せるか、レートの更新頻度をどの程度にするか、といった諸要素はFX事業者ごとにさまざまであり、結果的に個人投資家向けに配信されるレートも異なってくる。特に、雇用統計等のメジャーな経済指標の発表前後には、リスク回避のために各業者が独自の社内ルールに基づいてスプレッドを広げており、この措置の程度やタイミングは各FX事業者によって大きく異なる。

カバー取引アルゴリズム

カバー取引アルゴリズムは、FX事業者とカバー先金融機関との間で実施されるカバー取引のために使われるアルゴリズムである。大半のFX事業者が、リスクヘッジのためのカバー取引を、アルゴリズムを用いて行っている。

このアルゴリズムは、個人投資家とFX事業者との取引に直接関係するわけではない。しかし、カバー取引アルゴリズムの性能や仕様は、成行注文やストリーミング注文などにおいて発生するスリッページの多寡や約定率に間接的に影響するケースがある。

バッド・ティック

バッド・ティックとは、実勢レートから大きく乖離した異常なレートのことである。FX事業者でシステム・エラーが発生すると、バッド・ティックが配信されることがある。また、FX事業者のマーケット・メイキング・アルゴリズムの仕様や設定に不備がある場合、カバー先金融機関が配信したバッド・ティックの影響を受けて、個人投資家向けにバッド・ティックを配信してしまうこともありうる。

後述するストップ狩りとの違いは、FX事業者側に悪意がないことである。そのため、FX事業者が不測の事態によりバッド・ティックを配信してしまった場合、そのレートによって個人投資家との間に発生してしまった取引を

無効にする、実勢レートで約定した場合との差額を補てんする、などの救済措置がとられることが多い。

ストップ狩り

マーケット・メイキング・アルゴリズムの一機能として、実勢レートから大きく乖離したレートを一瞬だけ配信し、個人投資家のストップロス注文を意図的に約定させることでFX事業者が収益を得る、いわゆるストップ狩りのアルゴリズムを導入することも、不可能ではない。

しかし、FX事業者は、金融商品取引法および業界団体である金融先物取引業協会の規則によって、個人投資家向けに配信したレートの全記録の保存および顧客からの説明要求に対する誠実な対応を義務づけられている。ストップ狩りアルゴリズムを使用した場合には、異常なレート配信記録や約定記録も残ることになり、発覚した場合には金融庁の厳しい行政処分の対象となる。もちろん、記録の抹消や改ざんも処分の対象である。これらの処分によって受けるダメージは非常に大きく、ストップ狩りで得られる不正な利益と釣り合うことはないであろう。

7-4-2 個人投資家に使われているアルゴリズム

日本では個人投資家が行うアルゴリズムトレードはシステム・トレードとも呼ばれ、そのアルゴリズムはテクニカル指標を利用したディレクショナル・アルゴリズムが大半だと思われる。多様なテクニカル指標が考案されており、その組合せ方やパラメータ設定によって膨大な種類のアルゴリズムが存在するが、なんらかのルールに基づきマーケットの上下を予測して売買のタイミングを指示するという点において共通している。

また、複数のFX事業者のレートを比較してビッド・オファーが逆転した際にアービトラージをねらうアルゴリズムや、先行してレートを変更したFX事業者の動きを参照して遅行するFX事業者でポジションをとるようなタイプのディレクショナル・アルゴリズムも使われているようである。しか

し、このような収益機会の出現はごく短期間であり、きわめて高レベルの執行スピードが要求されるのに加え、FX事業者との間のネットワーク・レイテンシーは短縮の手段がほとんどないため、安定的な収益化は決して容易ではない。

　また、MetaQuotes Software社によって開発されたMeta Trader（MT）などの自動売買プラットフォームを利用して取引を行う個人投資家も増えている。使いこなすためには多少の技術的な知識を要するものの、個人投資家が自分で開発した取引アルゴリズムを使ってFX取引を実行するための機能が一通りそろっている。最近では、機械学習を取り込んだアルゴリズムを活用している事例も出てきている。技術的な知識をまったくもたない個人投資家向けには、Tradency社が開発したミラートレーダーなどのストラテジー（アルゴリズム）選択型のシステム・トレードのプラットフォームが、各FX事業者を通じて提供されている。

第8章

アルゴリズム取引の環境の変化と投資家の取組み

本章では、アルゴリズム取引が実際にどのように使われているか、そして機関投資家や個人投資家がアルゴリズム取引とどのように向き合うのが良いかについて述べていきたい。なお、本章の執筆陣は、主にアルゴリズム関連プロジェクトの企画・営業に携わるマネジメントおよび担当者である。

8-1 アルゴリズム取引の変化

本節では、本書執筆時点（2018年5月）における、アルゴリズム取引の最近の変化・動向をまとめた。第7章までの内容はアルゴリズム取引の仕組みや手順の解説を中心としたものであり、最近の変化との関連についてはあまり触れることができなかった。本節が知識と現実との橋渡しの一助となれば幸いである。

8-1-1 アルゴリズム取引の高速化

アルゴリズム取引の高速化は、一部の限られた大手金融機関による高速化競争の継続と、その他の金融機関による費用対効果に見合った必要最低限の高速化に大別される。

一物一価アービトラージなどの利幅もリスクも小さい収益機会をスピード勝負で獲得することを目指す領域では、以前から熾烈な競争が繰り広げられている。この領域では高速化がクリティカルな要素となるため、競争に勝ち残るためには最先端の高速化技術やITインフラをいち早く実戦投入するための多額かつ継続的な投資が不可欠となる。また、競争が激しくなることでもともと小さかった市場のゆがみはさらに縮小されてしまい、収益性が悪化しているとの観測も出ている。

この領域では、HFTファンドなどの一握りのトップクラスのプレイヤーによる寡占化およびアルゴリズム取引のさらなる高速化が進行中であり、こ

の傾向は今後も続くであろう。すでに非常に高い参入障壁が築かれており、新規参入は現実的ではないと思われる。

一方、その他の収益機会をねらう領域では、必ずしも高速化競争が進むわけではなさそうである。たとえば、ベンチマーク執行アルゴリズムは、執行スピードだけではなく執行ロジックの優劣によってもベンチマーク実現度が大きく変化する。そのため、優秀な執行ロジックを開発することができれば、必ずしも最先端の高速化を行っていなくとも、競合他社のアルゴリズムと遜色のない成果を出すことができる。もちろん、アルゴリズムの挙動が速くて困ることはなく、アルゴリズムのパフォーマンスが大幅に劣化しない程度の高速化対応は必要になる。

こちらの領域では、多数のプレイヤーが費用対効果を勘案し自社に可能な範囲での高速化投資を実施しつつビジネスを継続している。実際、株式取引においては、証券会社を中心とした多数の金融機関が東証のコロケーション・サービスを利用しており、この環境のスピードを十分に活かすことができれば、当面の高速化対応で競合に大きな遅れをとることはないとみられる。

8-1-2　アルゴリズムの高度化

取引所の売買システムのリニューアル、計算機の性能向上など、ITインフラ面での取引環境の高速化に伴い、アルゴリズムの高度化も進んでいる。大きな方向性は、アルゴリズムの複雑化と入力情報の多様化である。しかし、このような複雑化・多様化が一本調子で進み続けているわけではないようである。

高度化の方向性のひとつは、アルゴリズムの複雑化である。前述のとおり、アルゴリズム取引は高速化している。さらに、現在のマーケットではさまざまなアルゴリズム取引が同時に実施されており、そのアルゴリズム同士が影響を及ぼし合うことで互いの挙動を変化させている。このように市場の動きが速くかつ複雑になると、第5章で紹介したようなシンプルなアルゴリ

ズムを単純に使用するだけでは期待どおりの成果を得られないケースが多くなってくる。このような変化に対応するためには、たとえばリアルタイムでマーケットの状況を把握し、そこで動いている他のプレイヤーのアルゴリズムの挙動を考慮したうえで自己の動きを決定するような、高度かつ複雑なアルゴリズムが必要になる。実際に、取引データを分析してみると、シンプルな挙動のアルゴリズムの存在だけでは説明のつかない複雑な値動きを多数観測することができる。

　もうひとつの方向性は、アルゴリズムが活用する入力データの多様化である。広く知られているように、テキストデータをリアルタイムで取り込み活用するタイプのアルゴリズムは以前から実用化されている。ニュースベンダーが配信するマーケット・ニュースや各機関のプレスリリースといった金融関連情報からソーシャル・ネットワーキング・サービスやツイッターのログに至るまで、あらゆる種類のテキストデータが利用されている。最近では、ビッグデータの収集・分析技術の高速化・高度化に伴い、従来はマーケットとの関連性がないと思われていた多様なデータのなかから有用な情報を発見し活用するケースが増えている。人工衛星から撮影した画像を分析して投資情報を提供しているオービタル・インサイト社（Orbital Insight、カリフォルニア州）のケースや、発電所や送電設備のそばに設置した電磁波を測定する機器から得られるデータを分析して電力取引関連情報を提供しているジェンスケープ社（Genscape、ケンタッキー州）のケースなどは、その一例である。今後も、IoT関連技術の成熟に伴い、マーケットに影響を及ぼす可能性が高い、もしくは企業業績や金融政策の先行指標としての確度が高い情報を新たに創出して活用するケースは増加するであろう。

　しかし、これらの複雑化・多様化を進めさえすればアルゴリズムの性能が劇的に良くなるかというと、必ずしもそうではない。たとえば、複雑化・多様化によってアルゴリズム内部のパラメータが増えるほど、事前のシミュレーション結果は良いのに実際の運用成績がまったく振るわない、といった状況に陥りやすくなる。このような失敗の原因の多くはパラメータ調整にお

けるオーバー・フィッティング（過適合）である。これを回避して最適なパラメータを発見するためには、取引実務、取引データ、取引アルゴリズムのモデル、パラメータ最適化用アルゴリズムのモデル、およびこれらを支える数理統計などに関する深い理解や広い知識が要求されるうえに、これらを兼ね備えた人材であっても、コンスタントに結果を出すのは必ずしも容易ではない。また、オーバー・フィッティングに陥らないようにパラメータを調整した結果、性能が犠牲になってしまい、もとのアルゴリズムの成績とあまり変わらなくなってしまうことも多々ある。実際、金融機関ではさまざまなタイプの高度なアルゴリズムが研究されているが、現場で日々使用されているアルゴリズムはシンプルなものであるケースも少なくない。

8-1-3　人工知能の活用

　人工知能（AI）、より正確にはディープ・ラーニングは、アルゴリズム取引にも活用され始めている。ただし、上手に使いこなすためには人間による工夫が不可欠である。

　昨今の人工知能ブームを引き起こしたのは、ディープ・ラーニング（深層学習）によるブレイクスルーである。アルゴリズム取引の分野においてもディープ・ラーニングの活用は積極的に試みられている。ヘッジファンドをはじめとしたさまざまな金融機関の取組みは複数のメディアで報じられており、当社でも分析に活用している。大量の学習データを活用することでその真価を発揮するディープ・ラーニングは、マーケットの高速な動きを反映した大量の時系列データや膨大かつ多様な取引関連データを効果的・効率的に分析するのに有用である。

　ディープ・ラーニングでは大量のデータを用いて学習させるプロセスに時間を要するため、リアルタイムでの高速な取引に活用するのは難しいのではないか、という議論がある。しかし、これはそれほど大きな問題にはならない。たしかに、学習プロセスでは、データの規模とニューラル・ネットワークの層の深さに応じた時間を要する。しかし、一度学習を終えてしまえば、

学習ずみのディープ・ラーニング・アルゴリズムが情報の入力・判断・出力に要する時間は、他のアルゴリズムと同じような水準になるためである。実務上は、リアルタイムでの取引には前日までのデータを用いて、学習ずみのアルゴリズムを適用し、最新のデータを用いた再学習は別の環境で行ったうえで本番環境のアルゴリズムを夜間や休日に更新する、といったかたちになるであろう。

また、ディープ・ラーニングは、データを準備して適当に学習させれば自動的に成果が出る、といった簡単なものではない。問題の具体的な定式化、モデルの入力変数の選定、入力データの前処理等、といった作業は人間によって行われるものであり、この巧拙によってアルゴリズムの性能や実運用時の成果が大きく異なってくる。また、前述のとおり、オーバー・フィッティングの失敗を乗り越える工夫をするのも人間である。

8-1-4 適用領域の拡大

このようなアルゴリズム取引の高速化や高度化に伴い、アルゴリズム取引の適用領域も拡大している。取引の自動化および自動化した取引の高度化・効率化といった従来型のニーズへの対応に加え、投資判断領域や恣意性排除目的での適用が注目されている。

従来、アルゴリズムは、定性情報の活用や総合的判断に限界があるがゆえに、それらを必要としない執行自動化領域および一部のクオンツファンドやヘッジファンドで利用されるにとどまっていた。現在は、人間のファンドマネージャーが実施している定性的な情報を活用した投資判断業務でも、アルゴリズムの活用が試みられている。投資判断は非常に高度かつ総合的な業務であるためアルゴリズムでは代替できないとする考え方も根強いが、自動車の運転やドローンの運用がAIによって自動化されつつある現状をふまえると、投資判断もいずれは自動化される可能性が高いと考えるほうが自然であろう。

また、人間による恣意性や不安定性の排除の観点からも、アルゴリズム取

引の利用価値が再評価されている。LIBOR不正操作事件をはじめとして人間のディーラー・トレーダーによる不正は後を絶たず、金融機関の経営陣にとっては看過しがたいリスクとなっている。以前から内部統制の強化や業務モニタリングシステムの導入等の対策が打たれているものの、リスクの根絶には至っていない。ところが、当該業務を自社開発のアルゴリズムが担うようになれば、このリスクはなくなる。アルゴリズムは設計者や実装者に無断で不正を働くようなことも欲を出して過度なリスクをとるようなこともないからである。また、人間による不正の発見や事後の立証には相応の難しさを伴うが、アルゴリズムの仕様は実装されたコードを読み解けば明らかであり、アルゴリズムが改ざんされた場合にはアクセスログを調査すればその証跡を容易に発見することができる。

このままアルゴリズム取引や人工知能に関する技術が順調に発展していけば、近い将来的、音声認識機能やTVニュース視聴機能まで備えたロボットディーラーのような存在が実用化され、執行や投資判断の自動化・効率化の枠を超えた水準で人間を代替するようになってもおかしくはないであろう。人間と完全に同水準というわけにはいかないかもしれないが、そのかわりにロボットは疲れも飽きもせず、24時間365日取引を続けてくれるに違いない。

8-1-5 規　　制

アルゴリズム取引に関する規制も変化している。高速アルゴリズム取引の実態把握のための規制に加え、アルゴリズム取引を用いた不公正取引、そしてAIアルゴリズムによる不公正取引をどのように規制していくかが問題となる。

第6章で述べたとおり、欧米では高速アルゴリズム取引に関する規制が次々に制定され、日本でも2018年4月に改正金融商品取引法が施行された。総じて、登録制度によるアルゴリズム取引を実施する投資家の特定およびアルゴリズム取引の事後的なモニタリングを中心に、アルゴリズム取引の実態を把握することができるような仕組みが整備されている。今後も、当局や取

引所による高速アルゴリズム取引の実態把握が進むにつれて、日本においてもより実効性のある規制が導入されるであろう。

アルゴリズム取引の実態把握の次に問題となるのは、アルゴリズム取引を利用した不公正取引の摘発であろう。仮にすべてのアルゴリズムの挙動を正確かつ詳細に把握できたとしても、公正・不公正の判断は非常に難しいと考えられる。たとえば、第5章のコラムで取り扱ったようなある程度高度化されたマーケット・メイキング・アルゴリズムと、5－6－2で紹介したスプーフィングは、どちらも似たような挙動を示すと考えられるが、その意図が公正なマーケット・メイクなのか不公正な相場操縦なのかをアルゴリズムの挙動のみから判断するのは容易ではない。

8-2 プレイヤー別の対応状況

アルゴリズム取引への対応の状況は、プレイヤーごとに傾向が大きく異なる。本節では、主要なプレイヤーである金融機関のプロップ・トレーディング部門、証券会社、機関投資家、そしてそれらをサポートするサードパーティーやITベンダーが、アルゴリズム取引にどのように取り組んでいるかについてまとめる。

8-2-1 金融機関のプロップ・トレーディング部門

アルゴリズムの活用が自己の収益に直結するビジネスモデルになっている金融機関や担当部署は、アルゴリズム取引の研究開発や実運用に非常に熱心に取り組んでいるようである。具体的には、株式取引では自己勘定取引を行う証券会社のプロップ・トレーディング（自己売買）部門やHFT系ヘッジファンド、外国為替取引ではインターバンクのマーケット・メイカーやFX事業者である。

これらの金融機関では、企業規模の大小を問わず、アルゴリズム取引の活用・高度化が優先度の高い事業課題として位置づけられているケースが多い。一方、アルゴリズム取引のために確保される研究開発予算や投資額は、例外はあるものの事業規模に比例することが多く、この差がそのまま競争力の強弱に直結しているように見受けられる。

実際に投入されているアルゴリズムは、第5章で紹介した個々の戦略を単独で用いるようなシンプルなものではなく、複数のアルゴリズム戦略を組み合わせる、マーケットの状況変化にあわせて柔軟に挙動を調整する、他のアルゴリズムの挙動を逆手にとる、といったような高度化がなされたものであると推定される。当然、その具体的な内容は各社の機密情報であり、実態を明らかにするのは難しい。

8-2-2 証券会社（ブローキング部門）

執行アルゴリズムやベンチマーク執行アルゴリズムを実際に活用してブローキング業務を行う証券会社でも、アルゴリズム取引の研究開発が進んでいる。ゴールドマン・サックスをはじめとした外資系の金融機関では、トレーダーは大幅に削減され、アルゴリズム取引およびそれを支えるエンジニアにとってかわられている。

証券会社のブローキング部門は仲介業であるため、アルゴリズムによる執行効率の良し悪しが自社の業績に直接影響するわけではない。しかし、証券会社の顧客である機関投資家にとっては、執行効率は自社の運用収益を左右する非常に重要な要素であり、発注先の証券会社を選別する要因になる。よって、証券会社は、優先的に自社に注文を回してもらうために、顧客ニーズにフィットしたアルゴリズムの開発・提供を目指している。機関投資家の執行ニーズを事前にヒアリングし、それをアルゴリズムの仕様やパラメータ設定に反映させる、といったカスタマイズサービスを提供しているケースもある。

また、証券会社は、非常に恵まれた研究開発環境を有している。顧客の注

文を執行する過程でPDCAサイクルを高速で回すことができるため、自社でマーケット・リスクをとることなく、自社単独の運用キャパシティをはるかに上回る大量の注文を捌きながら、自社開発の執行アルゴリズムの試行錯誤を実施することができるのである。この研究開発環境の違いが、証券会社と一般的な機関投資家の執行アルゴリズムの技術水準の決定的な差異につながっていると考えられる。なお、個人投資家を主要な顧客とする中小の証券会社やネット証券等では、この状況はあまり当てはまらない。

8-2-3 機関投資家

多くの機関投資家は、ベンチマーク執行アルゴリズムを自社開発するのではなく、証券会社が提供するベンチマーク執行アルゴリズムの効果的な活用に注力している。

自社開発を強く志向しない理由は、証券会社のアルゴリズムをうまく利用するほうが効率的だからである。前述のとおり、恵まれた研究開発環境を有している証券会社のアルゴリズムの性能は相対的に高いため、証券会社のアルゴリズムを利用することでそれなりの効果を見込むことができる。一方、自社開発をする場合には、開発したアルゴリズムの性能が証券会社のものを上回ることができないリスクがあるのに加え、分析用の粒度の細かいデータを蓄積するための追加的なIT投資が必要になることもある。

実際、DMA（2-6-1参照）およびDSA（自社で開発したアルゴリズムを用いて取引を行うこと。証券会社のトレーダーやアルゴリズムが直接関与しない：Direct Strategy Access）が業界で話題になり、自社開発の機運が高まった時期もあったが、一過性にとどまったように見受けられる。最近では、複数の機関投資家が、各証券会社が提供するベンチマーク執行アルゴリズムの優劣の評価およびその使い分けに重きを置いているようである。

また、執行責任の所在も無視できない要素のひとつである。証券会社に取引を委託し、証券会社のアルゴリズムが使われた場合、執行責任は証券会社側にあり、執行面で何かトラブルがあった場合には、証券会社に責任を問う

ことが可能である。一方、DMAやDSAを利用した場合、執行責任は機関投資家自身が負うことにもなり、アルゴリズムの使用によって起きたトラブルに直接対応する必要が生じる可能性がある。

8-2-4 サードパーティー

アルゴリズム取引サービスを金融機関や個人投資家に提供するサードパーティーも数多く存在し、アルゴリズムの研究開発に意欲的である。

外国為替取引では、Meta Traderで利用可能なExpert Advisor（自動売買用プログラム）やミラートレーダーのストラテジー（第7章参照）を開発するサードパーティーが、独自のディレクショナル・アルゴリズムを日々開発・修正している。株式取引においても、外国為替取引ほど活発ではないものの、同様のサードパーティーが存在する。最近では、金融以外の業界でディープ・ラーニングを駆使し大量データを分析する技術を磨いた新興企業の新規参入も目立ってきている。これらのサードパーティーは、主にディレクショナル・アルゴリズムを提供している。

8-2-5 ITベンダー

前述した各プレイヤーに発注システムや取引管理システムを提供しているITベンダーでも、アルゴリズムの研究開発を実施しているケースがある。

ITベンダーがアルゴリズムまで手がける理由は、競合ベンダーとの競争である。証券会社と同様、アルゴリズムの執行効率の良し悪しがベンダー自身の収益に直結するわけではないが、顧客がITベンダーを選定する際のポイントとなることもある。

これらのITベンダーは、SOR（5-1-12参照）やVWAP（5-2-2参照）などの頻繁に利用されるアルゴリズムを自社製品の機能のひとつとして提供している。また、ユーザーが自分で開発したアルゴリズムを手軽に実装するための開発プラットフォームを備え付けているケースもある。

ITベンダーは取引実務に通じているわけではないが、単純な挙動のアル

ゴリズムの実装に関しては一定の優位性を有しているともいえる。単純なアルゴリズムの場合にはロジックの面では差別化が難しく、むしろ高速化などを実現するうえでシステム面での技術や工夫が重要になるためである。

8-3 アルゴリズム取引の導入における課題と対策

本節では、アルゴリズム取引の本格的な導入を検討している金融機関が直面している課題をまとめ、執筆陣が有効だと考える対策を紹介する。

8-3-1 現状および課題

本項では、アルゴリズム取引に関する取組みの強化を検討している金融機関における、現状および課題についてまとめた。個々の課題は各社さまざまであるが、おおむね共通した課題として、アルゴリズム取引への理解、投資、技術の継承の3点があげられるようである。

アルゴリズム取引への理解

かつては、多くの競合金融機関と同様に、アルゴリズム取引の導入もしくは執行技術の向上による運用収益の向上について、それほど強い興味をもっていなかった。アセット拡大主義であり、営業力強化による運用資産残高の積上げを最重要視していた。

現在では、このような考え方は変化しつつあるが、その程度は部署や役職ごとに異なる。執行業務に携わる現場担当者の意識は高く、自社の実情に即した課題意識や危機感を有している。また、担当部署の部長や課長などのミドルマネジメントも、執行技術の優劣が運用成績や自社の収支に大きな影響を及ぼすことを重要視しており、対策を熱心に検討している。一方、経営陣や執行業務に直接関係のない部署では、アルゴリズム取引の実態が十分に理

解されておらず、あまり問題視されていないことが多い。また、メディアで話題になったHFTなどのキーワード自体はよく知られているが、その具体的な内容はあまり正確に把握されていないようである。

アルゴリズム取引に対する投資

日本では、アルゴリズム取引の黎明期から成長期にかけて、投資余力が不足していた。欧米のトップ金融機関や金融系ITベンダーがトレーディングアルゴリズムの研究開発および実運用に本腰を入れ始めていた頃、日本の金融機関は長期間にわたってバブル崩壊の後処理に追われ、新技術への投資どころではなかった。投資意欲が復活した頃には、欧米金融機関や業界最大手との技術力の格差がすでに大きくなってしまっていた。

現在でも、アルゴリズム取引を含む執行技術のための投資枠はきわめて限定的である。空前の低金利や競争激化に伴い、制度変更に対応するためのシステム更新などの避けられない投資が優先され、執行技術などの前向きな投資案件は先送りされたり予算が大幅に減額されたりするのが常態化している。このままだとジリ貧であることはほぼすべての関係者が感じているようであるが、打開策があるわけではない。

技術の継承

以前よりローテーション人事を徹底していたため、アルゴリズム取引や執行技術に関する知見を多少なりとも得た人材を該当部署に留め置くことができず、中長期的な技術の蓄積が進まない状況であった。また、欧米の金融機関のように、その道の専門家の中途採用を大規模に行うようなこともしてこなかった。

現在でも、以前のような硬直性こそ多少は緩和されたものの、状況は大きく変わってはいない。専門性の確立をふまえた異動が考慮されるようになりはしたが、ローテーション人事がなくなったわけではなく、その道数十年の特化型人材を育成するような仕組みにはなっていない。また、専門家の中途

採用の事例が出てきているものの、事例の成否に関する見解が社内で割れており、中途採用枠の本格的な拡大までには至っていない。むしろ、最近のAIブームからデータ分析・アルゴリズム構築を得意とする人材のニーズが高まっており、人材流出を懸念しなければならない状況である。

8-3-2　対　策

　前項のような状況の金融機関がアルゴリズム取引の導入や強化を検討する際には、対象領域の絞り込み、スモールスタート、投資効果の定量把握、そして社外の専門家との協業をお勧めしたい。

対象領域の絞り込み

　アルゴリズム取引分野の強化を図るにあたり、比較的取り組みやすいのは執行関連業務のシステム化と他社製アルゴリズムの活用である。アルゴリズムを自社開発することのメリットも小さくないが、決して簡単ではないため、手軽なところから着手して段階的にノウハウを蓄積したうえで、あらためて実施の要否を検討するのが良いだろう。

　自社の執行関連業務のシステム化が不十分なのであれば、まず初めに執行関連業務のシステム化に着手したい。業界全体ではルーチン性の高い執行業務の大半はすでに自動化・アルゴリズム化が進んでおり、それらを実現するOMS（注文管理システム）等のシステムも普及しているため、確実な業務改善効果を見込むことができる。執行効率や安定性も人間よりアルゴリズムのほうが優れていることが多く、人間が介在する意義も効果も小さくなっているため、システム化をためらう理由は乏しい。仮に、アルゴリズムによる取引執行がそれほどうまくいかずに取引コストの削減が期待どおりではなかったとしても、自動化による業務効率化の成果は得ることができる。将来的な話になるが、OMSではなく、自動化で24時間働くロボットディーラーのようなものを配置できれば、ディーラーの人件費と人的ミス等のオペレーショナル・リスクの削減効果で、十分にもとがとれると思われる。

次に着手しやすいのは、セルサイドやベンダーが開発した他社製アルゴリズムの効率的な活用である。具体的には、複数のアルゴリズムによる取引結果を自社で客観的に比較・評価し、取引のニーズや市場の状況にあわせてそれらのアルゴリズムを使い分けるノウハウを蓄積していく。この取組みの最大のメリットは、執行ノウハウを掌握したセルサイドへの過度の依存を避けられるようになることである。他社製アルゴリズムは中身がブラックボックス化されているがゆえに、分析の限界もあるかもしれないが、それでも一定の成果を得ることができるようになるはずである。

スモールスタート

アルゴリズム取引に関する理解者が社内に少ない場合、アルゴリズム取引の導入・強化を一気に進めるのは難しいかもしれない。特に、経営トップ層に理解者が少ない場合にはこの傾向が顕著であろう。

この場合には、アルゴリズム取引の導入効果を測定するために、試験的な分析やシミュレーションに着手することから始めたい。いわゆるPoC（概念実証：Proof of Concept）の実施である。実際に手を動かして分析を実施できる人材の稼働を確保できないようであれば、分析を外部委託することもできる。分析に必要なデータさえ開示することができれば、少額の予算で一通りの分析を行い、定量的な導入効果をレポートしてくれるはずである。

投資効果の把握

一般論として、システム投資がなかなか進まない理由のひとつは、費用対効果の定量的な把握の難しさである。特に導入効果の合理的な定量化が難しいため、経営層の判断も慎重にならざるをえない。

ところが、アルゴリズム取引に関連するシステム投資は、導入効果を把握しやすい数少ない領域のひとつである。取引コストの削減額を分析やシミュレーションで算定可能だからである。取引コストの削減目標とスケジュールを段階的に定め、その達成度に応じて投資の継続可否を判断したりすること

も可能である。

　また、システムベンダーとの契約においても、取引コストの削減額に応じた成果報酬を設定するなどのかたちで、柔軟性をもたせることもできる。

社外の専門家との協業

　アルゴリズム取引に詳しい担当者が自社にいないため積極的な対応を進められない、といったケースもよく耳にする。たしかに、自社製アルゴリズムの研究開発を一から始めるのであれば、相応のメンバーをそろえる必要があるだろう。

　しかし、他社製アルゴリズムの活用に関する分析については、必ずしも高度な専門知識を必要とするわけではない。アルゴリズム取引に関する知識は本書の内容を押さえれば当面は十分であり、その知識をふまえて取引実績データやマーケットデータを適切に加工することができれば、すぐにでも分析を始めることができるはずである。

　また、自社内で人材を確保できない場合には、社外の専門家との協業が有力な選択肢になる。今後は、セルサイドによるアルゴリズムの提供に加え、ITベンダー等のサードパーティーによるアルゴリズムの提供事例も増えてくるであろうし、執行専業・執行代行のような専業プレイヤーが出現し協業が進む可能性もあるだろう。

8-4　個人投資家の視点から

　本書の執筆陣はそれぞれが個人投資家でもある。本節では、個人投資家の立場から、アルゴリズム取引への向き合い方について述べていく。8-4-1では、個人投資家として、アルゴリズム取引をどのようにとらえるとよいかについて述べる。8-4-2では、個人投資家の立場からアルゴリズム取

引にどう対抗するかについて、防衛的な対策を紹介する。

8-4-1 アルゴリズム取引のとらえ方

　アルゴリズム取引が個人投資家を食いものにする悪の権化でもあるかのように書かれている書籍やWEBサイトも少なくないが、これは大きな誤解である。

　アルゴリズム取引の本質は金融機関のディーラー・トレーダーが人力で行っていた業務の自動化および高速化であり、個人投資家を罠に嵌めて収益をかすめとるような類のものではない。東証の発注シェアの7割超がコロケーション・サービスを利用した高速な取引で占められているが、そのほとんどはマーケット・メイキング・アルゴリズムおよび執行系のアルゴリズムであり、それらは個人投資家を狙い撃ちするような仕組みを備えていないのである。5-6で取り扱った市場操作系のアルゴリズムに関しても、速く確実に一定の単純な挙動を繰り返す他のアルゴリズムの動きをうまく利用することを目指しているものが多く、動きが遅く不確実な人間による小口の取引は最初から眼中にない可能性が高い。ゆえに、アルゴリズム取引の存在を過度に恐れる必要はまったくないのである。

　とはいえ、アルゴリズム取引の影響が皆無であるというわけでもない。たとえば、マーケットの急変動に対応できずに取り残された指値注文をいち早く発見して有利なポジションをとるような反射神経勝負の投資手法は、非常に難しくなっている。人間ではアルゴリズムの反応スピードにはどうやっても勝つことはできないからである。実際、1日中板を監視し、チャンスがきた時に1ティックだけサヤを抜くような手法を得意とするタイプのプロのプロップトレーダーは、アルゴリズム取引の登場以降急速に勝てなくなっているようである。

　また、指標発表等のイベント直後の値動きは、アルゴリズム取引によって増幅されがちである。イベント直後に一方向に急変動し、その数瞬後に反対側にさらに大きく変動するような、いわゆる「騙し」と呼ばれる動きも、ア

ルゴリズム取引の影響によって増えているようである。

8-4-2　採用すべき投資手法／避けるべき投資手法

　個人投資家が採用すべき投資手法は、執行スピードが運用パフォーマンスに大きな影響を及ぼさないものである。たとえば、ポジションをとってから決済するまでの時間が数分以上あるような"遅い"投資手法であれば、アルゴリズム取引の影響は無視してさしつかえないといえる。

　一方、指標発表直後の飛び乗り／飛び降りなどのスピード勝負の投資手法を採用する場合には、常にアルゴリズムが先行しており、自分がフォロワーであることを意識しておく必要があるだろう。

　また、取引執行面では、指値注文にすることでアルゴリズム取引の影響を簡単に排除することができる。どんなに高度で高速なアルゴリズムであっても、他人の指値注文の数量や金額を勝手に変更することはできないからである。もちろん、成行注文に比べると未約定リスクがあるため指値注文が常に最適であるわけではないし、板に比べて大きな数量を取引したい場合には適度に分割する必要もあるが、アルゴリズム取引対策としては非常に有効である。約定を優先させたい場合でも、可能な限り即時執行可能指値注文（5-1-2参照）で対応し成行注文の使用を極力控えることで、予想外の損失を被る可能性を減らすことができるだろう。

付録

A インプリメンテーション・ショートフォール

インプリメンテーション・ショートフォール [41]（IS；Implementation Shortfall）とは、執行における理想と現実との差を定量的に定義したもので、投資を意思決定した価格から計算される想定上の損益（Paper Return）と執行後に判明する実際の損益（Actual Return）の差として定義される。すなわち、時刻 t で認識するインプリメンテーション・ショートフォール $IS(t)$ は、

$$IS(t) := Paper\ Return(t) - Actual\ Return(t)$$

で与えられる[1]。以下、「買い」の意思を決定したとして、$IS(t)$ がどのような量に分解できるかみていこう。まず、$Paper\ Return(t)$ は、

$$Paper\ Return(t) := N \cdot P_t - N \cdot P_{t_0}$$

で与えられる。N は取引数量、P_{t_0} は投資を意思決定した時刻 t_0 での価格、P_t は、$IS(t)$ を評価するタイミング t での価格である。この量の意味は、時刻 t_0 の投資の意思決定時にすみやかにその時の価格 P_{t_0} で執行でき、そのポジションをそのまま保持して時刻 t となった時点で評価した評価損益である。

一方、$Actual\ Return(t)$ は、実際には投資の意思決定時の価格では取引できないこと、必ずしもすべての数量を同時には執行しないこと、一般にはすべてを執行できず取引残が生じること、取引には手数料（fees）がかかることなどを考慮した現実の時刻 t での評価損益である。したがって、$Actual\ Return(t)$ は、$Paper\ Return(t)$ どおりにはならず、

$$Actual\ Return(t) := \sum_{t_0 < t_i \leq t} n_i \cdot (P_t - P_{t_i}) - fees$$

と表される。ここで、添え字 i は、一般に取引が複数に分割されて執行され

---

[1] 式中の := は、左辺を右辺で定義するの意味である。

ることを表している。すなわち、i 回目の約定は時刻 $t_i(>t_0)$ に、価格 P_{t_i}、数量 n_i としている。一般に、与えられた時刻 t までに、すべての注文を執行できず執行残が生じることから $\sum_{t_i \leq t} n_i \leq N$ である。

$IS(t)$ は、3－2－2で説明した潜在コストを定量化したものであり、次のように式変形することによりその要因に分解できる。

$$IS(t) = (N \cdot P_t - N \cdot P_{t_0}) - \left(\sum_{t_0 < t_i \leq t} n_i \cdot (P_t - P_{t_i}) - fees \right)$$

$$= N(P_{t_1} - P_{t_0}) + \sum_{i \neq 1, t_0 < t_i \leq t} n_i \cdot (P_{t_i} - P_{t_1}) + \left(N - \sum_{t_0 < t_i \leq t} n_i \right) \cdot (P_t - P_{t_1}) + fees$$

ここで、右辺第一項は遅延コスト、第二項は売買に伴うコスト、第三項は機会コストと呼ばれる。遅延コストは、一言でいえば、投資の意思決定から実際に執行されるまでの時間に価格が動くことからくるコストである。売買に伴うコストは、分割執行中に価格が動くことからくるコスト、機会コストは、理想的にはすみやかに執行できたものが、執行できずに残ったものからくるコストである。すべてが執行された場合は、機会コストは0となる。

遅延コストは、さらに次のように分解できる。

$$N(P_{t_1} - P_{t_0}) = \sum_{t_0 < t_i \leq t} n_i \cdot (P_{t_1} - P_{t_0}) + \left(N - \sum_{t_0 < t_i \leq t} n_i \right) \cdot (P_{t_1} - P_{t_0})$$

ここで、右辺第一項は売買に関する遅延コスト、第二項は機会に関する遅延コストと呼ばれる。売買に関係する遅延コストは、時刻 t までに執行された数量に対する遅延コストであり、機会に関係する遅延コストは、時刻 t までに執行されなかった数量に対する遅延コストである。

次に、売買に伴うコストは、マーケット・インパクト・コスト、タイミング・コストからなる。これは、価格変化の要因による分解である。すなわち、価格変化 $(P_{t_i} - P_{t_1})$ を、自己の注文から影響を受けた価格変化分とそうでないものに分解する。

$$(P_{t_i} - P_{t_1}) = \Delta^{(Market\ Impact)} P_{t_i} + \Delta^{(Timing)} P_{t_i}$$

ここで、

$\Delta^{(Market Impact)} P_{t_i}$：注文 i があることによって生じた付加的な価格変化

$\Delta^{(Timing)} P_{t_i}$：注文 i がないとした場合の仮想的な価格変化

である。

これらを用いて、売買に伴うコストは、次のように、分解される。

$$\text{売買に伴うコスト} = \sum_{i \neq 1, t_0 < t_i \leq t} n_i \cdot \Delta^{(Market Impact)} P_{t_i} + \sum_{i \neq 1, t_0 < t_i \leq t} n_i \cdot \Delta^{(Timing)} P_{t_i}$$

ここで、第一項がマーケット・インパクト・コスト、第二項がタイミング・コストである。この分解は、価格変化要因が何かを決定できない以上、事後的にも正確に行うことは難しい。なお、それぞれの評価が必要な場合は、なんらかの仮定をおいて推計することになる。

さらに、マーケット・インパクトによる価格変化は、

$$\Delta^{(Market Impact)} P_{t_i} = \Delta^{(Liquidity)} P_{t_i} + \Delta^{(Information)} P_{t_i}$$

と分解できる。ここで、

$\Delta^{(Liquidity)} P_{t_i}$：執行 i が流動性を需要することによる価格変化

$\Delta^{(Information)} P_{t_i}$：時刻 t_i までの注文による取引意思から市場が反応した価格変化

である。

これから、

マーケット・インパクト・コスト

$$= \sum_{i \neq 1, t_0 < t_i \leq t} n_i \cdot \Delta^{(Liquidity)} P_{t_i} + \sum_{i \neq 1, t_0 < t_i \leq t} n_i \cdot \Delta^{(Information)} P_{t_i}$$

である。第一項が流動性消費コスト、第二項が取引情報流布コストである。この分解も事後的でも正確に行うことは難しい。

以上をまとめると、インプリメンテーション・ショートフォールは、理想的な執行と現実の執行との乖離によるコストを表している。そして、遅延コスト、マーケット・インパクト・コスト、タイミング・コスト、手数料に分解される。さらに、遅延コストは、売買に関係する遅延コスト、第二項は機会に関係する遅延コストに分解され、マーケット・インパクト・コストは、

流動性消費コスト、取引情報流布コストに分解される。

実はここまでの議論では、スプレッド費用は現れていなかった。実際は、スプレッド費用は売買に伴うコストに含まれる。価格変化 $(P_{t_i} - P_{t_0})$ の価格を仲値とスプレッドを用いて、次のように分解する。

$$(P_{t_i} - P_{t_0}) = (\bar{P}_{t_i} + I_i \cdot s_{t_i}) - (\bar{P}_{t_0} + \hat{I}_i \cdot s_{t_0})$$
$$= (\bar{P}_{t_i} - \bar{P}_{t_0}) + (I_i \cdot s_{t_i} - \hat{I}_i \cdot s_{t_0})$$

ここで、$\bar{P}_{t_0}$ は売買意思決定時の市場仲値、$\bar{P}_{t_i}$ は i 番目の約定時の市場仲値、s_{t_0} は売買意思決定時の売買スプレッド、s_{t_i} は i 番目の約定時の売買スプレッドである。また、$\hat{I}_i$ は売買意思決定時に決めた注文がメイク注文であれば -1、テイク注文であれば $+1$ としている。同様に、I_i は実際の注文がメイク注文であれば -1、テイク注文であれば $+1$ である。

この第一項は、マーケット・インパクト・コストとタイミング・コストに分解できる。

第二項から、スプレッド費用またはスプレッド収益が生じる。たとえば、当初想定したのがテイク注文で、実際の執行がメイク注文とすると、$\hat{I}_i = +1$、$I_i = -1$ なので、

$$(I_i \cdot s_{t_i} - \hat{I}_i \cdot s_{t_0}) = -(s_{t_i} + s_{t_0}) < 0$$

となり、当初想定よりもスプレッド分割安で購入できたことになる。すなわち、スプレッド収益を得たことになる。逆に、当初想定したのがメイク注文で、実際の執行がテイク注文とすると、$\hat{I}_i = -1$、$I_i = +1$ なので、

$$(I_i \cdot s_{t_i} - \hat{I}_i \cdot s_{t_0}) = (s_{t_i} + s_{t_0}) > 0$$

となり、当初想定よりもスプレッド分割高で購入できたことになる。すなわち、スプレッド損失が発生したことになる。

売買に伴うコストおよびマーケット・インパクトをスプレッド費用およびスプレッド収益まで考慮して分解すると、

$$売買に伴うコスト = \sum_{i \neq 1, t_0 < t_i \leq t} n_i \cdot (I_i \cdot s_{t_i} - \hat{I}_i \cdot s_{t_0})$$

$$+ \sum_{i \neq 1, t_0 < t_i \leq t} n_i \cdot \Delta^{(Market\ Impact)} \bar{P}_{t_i}$$

$$+ \sum_{i \neq 1, t_0 < t_i \leq t} n_i \cdot \Delta^{(Timing)} \bar{P}_{t_i}$$

$$= \sum_{i \neq 1, t_0 < t_i \leq t} n_i \cdot (I_i \cdot s_{t_i} - \hat{I}_i \cdot s_{t_0})$$

$$+ \sum_{i \neq 1, t_0 < t_i \leq t} n_i \cdot \Delta^{(Liquidity)} \bar{P}_{t_i}$$

$$+ \sum_{i \neq 1, t_0 < t_i \leq t} n_i \cdot \Delta^{(Information)} \bar{P}_{t_i}$$

$$+ \sum_{i \neq 1, t_0 < t_i \leq t} n_i \cdot \Delta^{(Timing)} \bar{P}_{t_i}$$

となる。

B 証券会社やFX業者が提供するオーダー・タイプ

市場にないオーダー・タイプを証券会社が提供する場合がある。たとえば、5 - 1 - 3 で説明した逆指値注文が代表的である。ここでは、証券会社やFX業者が提供する代表的なオーダー・タイプをまとめておく。

◆ B－1 AGN（All Given Next）

AGNは、指定したレートの買い注文が全部売られて約定したら、その次のレート（1つ悪いレート）で売るという注文である。いわゆる損切りの注文で用いられる。

なお、ギブンとは、提示された買い手のレート（ビッド）で売り手が取引を成立させることである。為替のインターバンク取引で用いられる用語である。

◆ B−2 ATN（All Taken Next）

ATNは、指定したレートの売り注文が全部買われて約定したら、その次のレート（1つ悪いレート）で買うという注文である。AGNの売買が逆のものである。なお、テイクンとは、提示された売り手のレート（オファー）で買い手が取引を成立させることである。

◆ B−3 IFD（If Done）

新規注文とその新規注文が約定してから有効になる決済注文を一緒に出す注文方法である。たとえば、新規注文とその新規注文が約定した場合の利益確定のための決済注文や損失限定のための逆指値注文をセットで注文できる。

◆ B−4 OCO（One Cancel The Other）

新規注文または決済注文において、2つの異なる指値注文や逆指値注文を同時に出しておき、いずれか一方が成立したら自動的にもう片方が取消しとなる注文方法である。たとえば、決済注文で一方を利益確定注文、もう一方を損切りのための逆指値注文というような組合せで注文できる。

◆ B−5 IFO（If Done OCO）/IF−OCO

IFDとOCOを組み合わせた注文方法である。IFDと同様に新規注文でのみ選択できる。新規注文と同時に、その新規注文が成立した際に初めて有効になる2種類の決済注文をすべてワンセットで出すことができる注文方法である。たとえば、新規注文とその新規注文が約定した場合の利益確定のための決済注文および損失限定のための逆指値注文をすべて同時に注文できる。

◆ B−6 ストリーミング注文

ストリーミング注文は、数量と許容するスリッページ（変動幅）を指定する成行注文である。ここで、スリッページとは、成行注文における発注時点

での価格と約定価格の差のことである。

スリッページが指定した許容する変動幅を超過する場合は、未約定となる。

◆ B－7 トレールストップ注文

レートの動きに応じて逆指値注文のトリガー価格も追随していく注文方法である。ただし、トリガー価格は一方向にしか動かない。たとえば、買建玉を保有している場合、一度切り上がった逆指値注文の値は、下がることはない。なお、トレーリングストップや単にトレール注文とも呼ばれる。

[参考資料]

本書を執筆するにあたり参考にした資料を、主に参考にした章ごとに紹介する。

〈全体について〉
［1］　Barry Johnson, Algorithmic Trading and DMA: An Introduction to Direct Access Trading Strategies, 4Myeloma Press, 2010
［2］　杉原慶彦（2011）「取引コストの削減を巡る市場参加者の取組み：アルゴリズム取引と代替市場の活用」、『金融研究』30(2)、pp. 29-88、日本銀行
［3］　杉原慶彦（2012）「執行戦略と取引コストに関する研究の進展」、『金融研究』31(1)、pp. 227-292、日本銀行

〈第2章　アルゴリズム取引の市場環境〉
［4］　日本取引所グループ、http://www.jpx.co.jp/
［5］　株式会社大阪取引所、先物・オプション取引に係るマーケット・メイカー制度の取扱い、http://www.jpx.co.jp/derivatives/rules/market-maker/tvdivq00000003l9t-att/nlsgeu000001f6jy.pdf
［6］　株式会社大阪取引所、マーケット・メイカー制度対象商品基準一覧
［7］　チャイエックス・ジャパン、https://www.chi-x.co.jp/
［8］　SBIジャパンネクスト証券株式会社、http://www.japannext.co.jp/
［9］　日本証券業協会、http://www.jsda.or.jp/
［10］　PTS制度概要、http://pts.offexchange2.jp/ptsinfo/html/ptsindex.html

〈第3章　市場取引におけるリターン、リスク、コスト、流動性〉
［11］　Robert Kissell, The Science of Algorithmic Trading and Portfolio Management, Academic Press, 2013
［12］　Larry Harris, Trading and Exchanges: Market Microstructure for Practitioners, Oxford University Press, 2002（ラリー・ハリス、市場と取引―実務家のためのマーケット・マイクロストラクチャー〈上・下〉、東洋経済新報社、2006）
［13］　Maureen O'Hara, Market Microstructure Theory, Wiley, 1995（モーリーン・オハラ、マーケット・マイクロストラクチャー―株価形成・投資家行動のパズル、金融財政事情研究会、1996）
ほかに［1］、［2］、［3］

〈第4章　アルゴリズム取引概論〉
[14]　Rishi K. Narang, Inside the Black Box: A Simple Guide to Quantitative and High Frequency Trading, Wiley Finance, 2009（リシ・K・ナラン、クオンツトレーディング入門、パンローリング、2010）
[15]　Robert Pardo, The Evaluation and Optimization of Trading Strategies, 2nd Edition, Wiley, 2008（ロバート・パルド、アルゴリズムトレーディング入門、パンローリング、2010）
[16]　Perry J. Kaufman, A Guide to Creating A Successful Algorithmic Trading Strategy, Wiley Trading, 2016（ペリー・J・カウフマン、世界一簡単なアルゴリズムトレードの構築方法、パンローリング、2016）
ほかに［1］、［2］、［3］

〈第5章　アルゴリズム取引戦略〉
[17]　Michael Durbin, All About High-Frequency Trading, McGraw-Hill, 2010
[18]　Irene Aldridge, High-Frequency Trading: A Practical Guide to Algorithmic Strategies and Trading Systems, 2nd Edition, Wiley Trading 2013
[19]　Ernie Chan, Algorithmic Trading: Winning Strategies and Their Rationale, Wiley, 2013
[20]　Jay Vaananen, Dark Pools & High Frequency Trading For Dummies, Wiley, 2015
[21]　辰巳憲一（2016）「レイテンシー・アービトラージとレイヤリングなどの発注行動～情報通信のスピードアップがHFTに及ぼす影響などについて～」、『学習院大学経済論集』53(3)、pp. 67-100
ほかに［1］、［2］、［3］、[11]

〈第6章　HFT：高頻度取引〉
[22]　大墳剛士（2014）「米国市場の複雑性とHFTを巡る議論」、『JPXワーキング・ペーパー特別レポート』、2014、日本取引所グループ
[23]　大墳剛士（2016）「諸外国における市場構造とHFTを巡る規制動向」、『金融庁金融研究センター ディスカッションペーパー』DP 2016-4
[24]　清水葉子（2013）「HFT、PTS、ダークプールの諸外国における動向～欧米での証券市場間の競争や技術革新に関する考察～」、『金融庁金融研究センターディスカッションペーパー』DP 2013-2
[25]　中山興・藤井崇史（2013）「株式市場における高速・高頻度取引の影響」、日銀レビュー
[26]　保志泰・横山淳・太田珠美（2014）「HFTを巡る議論の動向」、大和総研
[27]　Valerie Bogard, High-Frequency Trading: An Important Conversation,

Tabb Group 2014
- [28] IOSCO Technical Committee（2011-2）OICU-IOSCO_201107_Regulatory Issues Raised by the Impact of Technological Changes on Market Integrity and Efficiency: Consultation Report
- [29] ESMA, Guidelines:Systems and controls in an automated trading environment for trading platforms, investment firms and competent authorities, 2012
- [30] EUROPEAN COMMISSION, "COMMISSION STAFF WORKING DOCUMENT; IMPACT ASSESSMENT," SWD（2016）138 final, 25 April 2016, http://ec.europa.eu/smart-regulation/impact/ia_carried_out/docs/ia_2016/swd_2016_0138_en.pdf
- [31] 吉川真裕（2016）「HFTとダーク・プールに対する規制状況―規制状況の国際比較―」、『証券経済研究』94、pp. 105-124
- [32] 大墳剛士（2017）「日本におけるダークプールの実態分析」、『JPXワーキング・ペーパー』Vol. 21、日本取引所グループ
- [33] 情報技術革新がもたらす証券市場への影響に関する研究会（2016）「『情報技術がもたらす証券市場への影響に関する研究会』最終報告書」
- [34] 保坂豪（2014）「東京証券取引所におけるHigh-Frequency Tradingの分析」、『JPXワーキング・ペーパー』Vol. 04、日本取引所グループ
- [35] 辰巳憲一（2016）「HFT（高頻度取引）は群衆心理的な行動を採るか」、『証券経済研究』94、pp. 31-46
- [36] 金融庁、第193回国会における金融庁関連法律案、http://www.fsa.go.jp/common/diet/193/
- [37] 金融庁、平成29年金融商品取引法改正に係る政令・内閣府令案等に対するパブリックコメントの結果等について、https://www.fsa.go.jp/news/29/syouken/20171227.html

〈第 7 章　外国為替取引におけるアルゴリズム取引〉
- [38] 小口幸伸、入門外国為替のしくみ、日本実業出版社、2013
- [39] 東京外国為替市場委員会、グローバル外為行動規範、2017年12月仮訳、http://www.fxcomtky.com/coc/pdf_file/201712/fx_global_code_jp.pdf
- [40] 東京外国為替市場委員会、CODE OF CONDUCT 外国為替取引ガイドライン 2015 年版、http://www.fxcomtky.com/coc/pdf_file/code_of_conduct2015.pdf

〈付　　録〉
- [41] Perold, A.（1988），"The implementation shortfall: Paper versus reality," The Journal of Portfolio Management, 14(3), 4-9.

Wagner, W. and Edwards, M. (1993), "Best Execution," Financial Analyst Journal, 49(1), 65-71.

Kissell, R. (2006), "The Expanded Implementation Shortfall: Understanding Transaction Cost Components," The Journal of Trading, 1(3), 6-16.

[42] シティバンク銀行、為替相場の分析手法－プロが教えるマーケットの読み方、東洋経済新報社、2012

おわりに

　アルゴリズム取引は海外を中心に発展してきたこともあり、日本における認知度はまだ必ずしも高くない。マーケットの動きに納得のいかない点があると、得体の知れないアルゴリズム取引が何かしているのではないのか、HFTのせいで市場がおかしくなっているのではないのだろうかと考える人もいると思うが、本書を読んで、アルゴリズム取引をそこまで恐れるものではないと感じていただけるだろう。一方、アルゴリズム取引への取組みが遅れるとさまざまな点で不利な状況が生じるのも事実である。この点も世のなかで冷静に認識されることが必要と考えている。

　本書では、アルゴリズム取引の全体像を示し統一的に説明することを目指して執筆した。当初は、可能な限りのアルゴリズムを収集し具体的に説明することを目指していた。しかし、情報が少なく具体的な説明が難しいものもあり基本的なものに限ることにした。それでも、アルゴリズム取引全般について日本語で書かれた適当な書籍はあまりなく、読者のアルゴリズム取引についての理解の助けになれば嬉しい。

　当社は実際に運用されているアルゴリズム取引のモデルの構築およびシステムの構築を行っているが、運用経験があるアルゴリズムのタイプは限られている。実際、本書を書き始めてみて、アルゴリズム取引全般についての理解が十分でなく、あらためてさまざまな資料に目を通すことが必要になった。その過程で、新たな発見や理解の深化があったのも事実である。

　なお、アルゴリズムの構築については、紙幅の都合もあり概要のみの記述にとどめた。また、アルゴリズム取引のパフォーマンス評価やシステム構築についても、参考文献をご覧いただきたい。また、付録には、インプリメンテーション・ショートフォールの数式を用いた正確な定義を記載した。本文では数式を用いず説明したため、かえってまわりくどくなってしまったかもしれないが、正確に知りたい場合はこちらが役に立つだろう。その他、本文

では十分説明しなかった証券会社やFX業者の提供するオーダー・タイプを付録にまとめておいたので、ご活用いただきたい。

　本書の執筆は、若手からベテランまで多くのメンバーで分担した。全体を統一的に記述するように調整したものの十分でないところがあるかもしれないが、ご容赦いただければ幸いである。

　本書の執筆にあたり、多くの皆様に助けていただいた。和木克己氏には拙い原稿に対して丁寧なご指摘を数多くいただいた。また、匿名を希望された方々からも、とても有益なコメントや意義深いディスカッションの機会をいただいた。最後に、一般社団法人金融財政事情研究会の谷川治生氏には、出版の機会をいただくと同時に、さまざまなアドバイスをいただいた。ここに、心より感謝を申し上げる。

2018年9月
NTTデータ・フィナンシャル・ソリューションズ
先端金融工学センター

事項索引

【数字・英字】

4本値 …………………………… 29
AGN（All Given Next）………… 285
AI ……………………………… 224, 267
AIM（Aggressive in-the-Money）
　……………………………………… 142
AS ……………………………………… 148
ATN（All Taken Next）………… 285
Code of Conduct（グローバル外為
　行動規範2017）………………… 257
DMA（Direct Market Access）…6, 32
ECN ……………………………… 245, 254
ETF−現物裁定 …………………… 193
FOK注文 ……………………………… 22
FX取引 …………………………… 243, 259
GFD条件 ……………………………… 23
GTD条件 ……………………………… 23
HFT（高頻度取引：High Ferquen-
　cy Trading）…………………… 5, 228
HFTのアルゴリズム取引………… 231
HFTの規制 ………………………… 237
HFTファンド ……………………… 264
IFD（if Done）…………………… 286
IFO（if Done OCO）/IF-OCO…… 286
IOC注文 …………………………… 20, 221
IS ……………………………………… 147
ISO注文（Intermarket Sweep Or-
　der）……………………………… 36, 233
ITベンダー ………………………… 273
Meta Trader（MT）……………… 262
MiFIDⅡ（Markets in Financial
　Instruments Directive Ⅱ）…… 237
MiFIDⅡ／MiFIR ………………… 229
MOC …………………………………… 145
OCO（One Cancel The Other）… 286
OMS …………………………………… 276
PI（Price Inline）………………… 142
PIM（Passive in-the-Money）…… 142
Post Only注文 ……………………… 22
POV アルゴリズム ……………… 140
PTS（私設取引システム：Propri-
　etary Trading Systems）…… 10, 12
SBIジャパンネクスト証券………… 12
SOR（Smart Order Routing）
　……………………………… 15, 132, 136, 249
ToSTNeT（Tokyo Stock Exchange
　Trading Network System）市場
　………………………………………… 11
TWAP（時間平均価格）………… 137
TWAPアルゴリズム ……………… 136
VWAP（Volume-Weighted Aver-
　age Price）…………………… 31, 138
VWAPアルゴリズム ……………… 138

【ア行】

アイスバーグ注文 ………… 21, 125, 135
アクセスポイント ………………… 32
アスク・レート …………………… 244
アメリカの最良執行義務 ………… 35
歩み値 ………………………………… 28
アルゴリズム取引 …………………… 2
アルゴリズム取引の目的 ………… 68
アローネット（arrownet）……… 31
アローヘッド（arrowhead）…… 31, 230
異限月間裁定 ……………………… 194
異市場間裁定 ……………………… 191
板（Limit Order Book：LOB）…… 26

294

板寄せ方式‥‥‥‥‥‥‥‥‥‥‥18
一般信用取引‥‥‥‥‥‥‥‥‥23
インカムゲイン‥‥‥‥‥‥‥‥46
インサイダー取引‥‥‥‥‥‥‥33
インターバンク為替市場‥‥‥244
インターバンク市場‥‥‥‥‥245
インプリメンテーション・ショート
　フォール（IS）‥‥‥‥‥49, 281
オークション方式‥‥‥‥‥‥‥11
大阪取引所‥‥‥‥‥‥‥‥11, 21
オーダー・タイプ‥‥‥19, 21, 108
オーバー・フィッティング‥‥103
オペレーショナル・リスク‥‥‥60
終値‥‥‥‥‥‥‥‥‥‥‥‥‥29
終値取引‥‥‥‥‥‥‥‥‥‥‥11

【カ行】

外国為替証拠金取引（FX取引）‥‥243
外国為替取引‥‥‥‥‥‥‥‥242
価格優先の原則‥‥‥‥‥‥‥‥18
貸株料‥‥‥‥‥‥‥‥‥‥23, 42
貸し手‥‥‥‥‥‥‥‥‥‥‥‥23
仮想総合板‥‥‥‥‥‥‥‥‥132
仮装売買‥‥‥‥‥‥‥‥‥‥‥33
カバー取引アルゴリズム‥‥‥260
空売り‥‥‥‥‥‥‥‥‥‥‥‥23
空売り規制‥‥‥‥‥‥‥‥‥134
借り手‥‥‥‥‥‥‥‥‥‥‥‥23
為替レート‥‥‥‥‥‥‥‥‥243
機械学習（マシーン・ラーニング）
　‥‥‥‥‥‥‥‥‥‥‥‥‥224
機会コスト‥‥‥‥‥‥51, 59, 282
機関投資家‥‥‥‥‥‥‥82, 272
基準価格‥‥‥‥‥‥‥‥‥‥‥21
逆指値注文‥‥‥‥‥‥‥‥‥121
逆選択‥‥‥‥‥‥‥‥‥‥‥‥62
逆選択リスク‥‥‥‥‥‥‥‥‥62

金融先物取引業協会規則‥‥‥261
金融商品取引業者（証券会社）‥‥11
金融商品取引法‥‥‥‥7, 15, 238, 261
クオート・スタッフィング‥‥222, 223
経験的アプローチ‥‥‥‥‥‥105
ゲーミング‥‥‥‥‥‥‥219, 222
気配‥‥‥‥‥‥‥‥‥‥‥‥‥27
更新値幅‥‥‥‥‥‥‥‥‥‥‥24
合成レート‥‥‥‥‥‥‥‥‥246
高速取引行為‥‥‥‥‥‥‥‥238
高速取引行為者‥‥‥‥‥‥‥238
顧客市場‥‥‥‥‥‥‥‥‥‥245
個人投資家‥‥‥‥‥‥‥‥‥‥82
コスト管理機能‥‥‥‥‥‥90, 92
コスト削減‥‥‥‥‥‥‥‥‥‥68
後場‥‥‥‥‥‥‥‥‥‥‥‥‥17
個別機能‥‥‥‥‥‥‥‥‥‥‥93
個別競争売買‥‥‥‥‥‥‥‥‥17
コロケーション・エリア‥‥‥238
コロケーション・サービス‥‥31, 32

【サ行】

サーキット・ブレーカー制度‥‥‥25
サード・パーティー‥‥‥‥‥273
最大スリッページ（成行注文におけ
　る、発注時点のレートと約定レー
　トとの差）‥‥‥‥‥‥‥‥252
裁定アルゴリズム‥‥‥‥‥78, 191
裁定機会の発見‥‥‥‥‥‥‥‥79
最適注文先選択‥‥‥‥‥‥69, 70
最良売価格‥‥‥‥‥‥‥‥‥‥27
最良売気配（値）（Best Ask Price）
　‥‥‥‥‥‥‥‥‥‥‥‥27, 114
最良買価格‥‥‥‥‥‥‥‥‥‥27
最良買気配（値）（Best Bid Price）
　‥‥‥‥‥‥‥‥‥‥‥‥‥‥27
最良気配外指値注文‥‥‥‥‥119

事項索引　295

最良気配指値注文……………………116	証券会社のブローキング業務部門
最良気配内指値注文……………………114	……………………………………82, 271
最良執行義務………………………15, 36	証券市場……………………………………10
先物-オプション間裁定……………191	証券取引所（取引所）……………10, 11
先物-現物裁定……………………………193	情報の非対称性……………………………62
先物ラージ-先物ミニ間裁定………191	人工知能（AI）……………………224, 267
指値注文……………………19, 111, 135	深層学習（ディープ・ラーニング）
ザラバ方式…………………………………18	……………………………………………224
三角裁定（為替）……………………191	信用取引……………………………………24
残数量取消条件（Fill and Kill：	信用取引関係諸費用……………42, 47
FAK）………………………………………23	信用リスク…………………………………60
時間優先の原則………………………18, 122	スキャルピング……………………202, 206
自己株式立会外買付取引………………11	ステルス……………………………128, 136
市場監視機能……………………………90, 91	ストップ狩り………………………257, 261
市場実勢価格連動戦略…………………172	ストップロス……………………………122
市場操作系アルゴリズム………81, 207	ストップロス・イグニッション
市場仲値参照戦略…………………………150	……………………………215, 222, 258
市場の不安定性…………………………235	ストラクチュラル（Structural：構
市場の不公平性…………………………235	造的な）戦略……………………………233
市場の分裂…………………………………35	ストリーミング注文……………………286
市場流動性活用戦略……………………179	ストロビング………………………214, 222
事前検証…………………………………102	スプーフィング……………………211, 222
事前分析機能……………………………90, 91	スプレッド（市場の売買価格差）……63
実現損益……………………………………42	スプレッド裁定……………………………191
実現リターン………………………………49	スプレッド収益……………………………69
執行アルゴリズム…………………………72	スポット取引（直物取引）…………243
執行コスト…………………………………50	スポットレート（直物レート）……243
指定期間条件（Good till Date：	スポンサード・アクセス（Spon-
GTD/Good till Cancel：GTC）……23	sored Access）……………………35, 39
自動売買プラットフォーム…………262	スマート・オーダー・ルーティング
品貸料（逆日歩）………………24, 42	………………………15, 132, 136, 249, 252
シミュレーション環境…………………98	スマート・タイム・スライシング・
ジャパンネクストPTS……………………12	アイスバーグ（Smart Time Slic-
ジョイン・ザ・メイカー……………116	ing Iceberg）………………………125
収益機会の発見……………………………68	スワップポイント………………………244
収益の獲得…………………………………68	税金…………………………………………42
証券会社の自己売買部門………82, 270	制限値段……………………………………24

制度信用取引……………………24
接続形式……………………………39
先行指標戦略………………200, 206
潜在コスト…………………………49
潜在的なコスト……………………48
全数量失効条件（Fill or Kill：
　FOK）……………………………23
前場…………………………………17
戦略管理機能…………………90, 94
総合板作成機能……………………96
総合板分析機能……………………96
想定リターン………………………49
相場操縦……………………………34
即時執行可能指値注文…………112
損益…………………………………42

【タ行】

ダークプール………10, 12, 35, 219
貸借取引……………………………23
対当…………………………………18
対当値段条件付注文………………23
タイミング・コスト……51, 57, 282
タイム・スライシング・アイスバー
　グ（Time Slicing Iceberg）……125
ダイレクト・マーケット・アクセス
　（Direct Market Access：DMA）
　………………………………………31
高値…………………………………29
立会市場………………………11, 17
単一銘柄取引………………………11
遅延コスト………………51, 52, 282
チャイエックス・ジャパン………12
チャイエックスPTS………………12
チューニング……………………102
注文・執行状況管理機能……90, 92
注文情報……………………………26
注文方式……………………………21

注文ルート…………………………84
ディープ・ラーニング…………267
ディーラー…………………………14
ディーリング業務…………14, 16
テイカー・フィー…………………42
テイク注文…………………44, 112
テイクで約定………………………44
ティック……………………………18
ディレクショナル・アルゴリズム
　……………………………81, 196, 261
手数料………………………………46
デプス（市場の厚み）……………63
同一商品間裁定…………………191
東京証券取引所（東証）…………11
統計情報……………………………29
統計的裁定戦略…………………194
東証…………………………………32
透明性………………………………12
登録金融機関（銀行等）…………11
特殊なオーダー・タイプ…………35
特別気配……………………………25
匿名性……………………………251
トリガー価格……………………121
取引コスト…………………………50
取引執行事務の自動化……………69
取引執行手続の自動化…………134
取引情報流布コスト……51, 132, 283
取引所取引許可業者………………11
取引する通貨の組合せ（通貨ペア）
　……………………………………243
取引速度……………………………71
取引のリスク………………………60
取引頻度……………………………72
トレード・スルー…………………36
トレーリングストップ…………286
トレールストップ注文…………286
トレール注文……………………286

事項索引　297

トレンドフォロー……………196, 206

【ナ行】

内部費用………………………………43
成行注文………………19, 108, 135
馴合売買………………………………34
日本取引所グループ………………11
ニュース／イベント・ドリブン
　………………………………200, 206
ニューラル・ネットワーク………225
ネイキッド・アクセス（Naked Access）………………………………39
値幅制限………………………………24

【ハ行】

売買スプレッド……………………150
売買制度………………………………17
売買損益………………………………43
売買代金………………………………29
売買高…………………………………29
売買方式………………………………17
ハイリスク・ハイリターン………81
始値……………………………………29
バスケット取引………………11, 73
発注ミス………………………………71
バッド・ティック…………………260
パラメータ値の検証………………104
パラメータ値の探索………………103
引け……………………………………17
引け条件付注文………………………20
ヒストリカルデータ………………88
ビッド・レート……………………244
ヒドゥン・オーダー……36, 122, 135
非表示注文（Hidden Order）……36
評価損益………………………………47
ピン・オーダー……………221, 222
フィー…………………………………42

複数資産の同時執行…………………69
不公正取引……………………33, 236
付随収益………………………42, 46
不正行為………………………………71
不成注文………………………………20
プッシュ・ザ・エレファント
　………………………………215, 222
プライマリサイト……………………32
プライマリペグ注文…………………22
プライマリマーケットメイカー…26
ブラックボックス…………………224
プリ・ヘッジ………………………256
ブローカー……………………………15
ブローキング業務……………15, 16
プロキシミティ・サービス………32
プロップ・トレーディング部門…270
プロップ・ファーム…………………82
フロントランニング……207, 222, 256
分割発注………………………………74
ペア取引………………………………70
ペギング………………………130, 136
ペグ注文………………………………21
ベンチマーク執行アルゴリズム
　……………………………73, 136, 272
ポーク・フォー・バーゲンズ……114
ポジション・損益管理機能……90, 92
保証金…………………………………23

【マ行】

マーケット・インパクト……………13
マーケット・インパクト・コスト
　………………………51, 53, 112, 282
マーケット・テイカー……………244
マーケット・ペグ注文………………22
マーケット・メイカー……………16
マーケット・メイカー制度…………25
マーケット・メイキング・アルゴリ

298

ズム……………………76, 150, 259
マーケット・メイク業務……………16
マーケット・メイク業務の自動化…70
マーケット・ユーザー……………244
マーケット・リスク………………61
マーケットオーダー(成行注文)…252
マーケット情報……………………26
マージン……………………………254
ミーン・リバージョン………198, 206
見せ玉………………………………34
ミッド・ペグ注文…………………22
未約定リスク………………………61
ミラートレーダー…………………262
メイカー・テイカー手数料モデル
………………………………35, 37, 42
メイク注文……………………44, 111
メイクで約定………………………44
モメンタム…………………………197
モメンタム・イグニッション
………………………………214, 222
モメンタム・トレーディング
………………………………197, 206

【ヤ行】

約定価格……………………………18
約定拒否……………………………247
約定情報……………………………28
安値…………………………………29
呼値…………………………………18
呼値の単位…………………………18

寄付…………………………………17
寄付条件付注文……………………19

【ラ行】

ラスト・ルック……………………247
リアルタイムデータ………………88
リザーブ・オーダー……… 123, 125
リスク………………………………42
リスク管理機能………………90, 93
リスク許容度………………………71
リスク削減…………………………68
リターン………………………42, 48
リターン追求………………………68
リベート………………………37, 46
リミットオーダー(指値注文)……252
流動性………………………………63
流動性供給参加者…………………26
流動性指標…………………………64
流動性消費コスト…………… 51, 283
流動性ドリブン執行……… 131, 136
理論的アプローチ…………………105
理論的裁定…………………………193
レイテンシー…………………31, 229
レイテンシー裁定………………80, 232
レイヤリング………… 131, 136, 211
レートの逆転………………………255
レジリエンシー(市場の回復力)…63
レンジ・トレーディング…… 199, 206
ロールオーバー(決済期限の繰延
べ)……………………………244

アルゴリズム取引の正体

2018年11月1日　第1刷発行
2024年8月8日　第3刷発行

　　　　　編著者　NTTデータ・フィナンシャル・ソリューションズ
　　　　　　　　　先端金融工学センター
　　　　　発行者　加　藤　一　浩
　　　　　印刷所　株式会社太平印刷社

〒160-8520　東京都新宿区南元町19
　発　行　所　一般社団法人　金融財政事情研究会
　企画・制作・販売　株式会社きんざい
　　　　　出版部　TEL 03(3355)2251　FAX 03(3357)7416
　　　　　販売受付　TEL 03(3358)2891　FAX 03(3358)0037
　　　　　URL http://www.kinzai.jp/

※2023年4月1日より企画・制作・販売は株式会社きんざいから一般社団法人
金融財政事情研究会に移管されました。なお連絡先は上記と変わりません。

・本書の内容の一部あるいは全部を無断で複写・複製・転訳載すること、および
　磁気または光記録媒体、コンピュータネットワーク上等へ入力することは、法
　律で認められた場合を除き、著作者および出版社の権利の侵害となります。
・落丁・乱丁本はお取替えいたします。定価はカバーに表示してあります。

ISBN978-4-322-13408-7